Theory and Practice

在线产品评论理论与实践

胡常春 著

中国出版集团
世界图书出版公司
广州·上海·西安·北京

图书在版编目（CIP）数据

在线产品评论理论与实践 / 胡常春著 . -- 广州 : 世界图书出版广东有限公司 , 2025.1重印

ISBN 978-7-5192-0783-0

Ⅰ . ①在… Ⅱ . ①胡… Ⅲ . ①电子商务－产品质量－质量分析 Ⅳ . ① F713.36

中国版本图书馆 CIP 数据核字（2016）第 037902 号

在线产品评论理论与实践

责任编辑 张梦婕
封面设计 汤 丽
出版发行 世界图书出版广东有限公司
地　　址 广州市新港西路大江冲 25 号
印　　刷 悦读天下（山东）印务有限公司
规　　格 787mm × 1092mm 1/16
印　　张 11.375
字　　数 155 千字
版　　次 2016 年 2 月第 1 版 2025 年 1 月第 2 次印刷
ISBN 978-7-5192-0783-0/F · 0216
定　　价 68.00 元

前言

随着互联网和移动互联网的不断普及，在线购物逐渐成为人们日常购物的重要方式。小到几元的牙刷等日常生活用品，大到汽车等高价值的商品，越来越多的人喜欢在电脑或手机上，轻舒纤指，游离于万商之中，轻松购物。作为网络消费者，一方面，人们感受着网络购物带来的足不出户的便捷性；另一方面，人们也领略着实体店无法提供的海量商品所带来的心流体验。

然而，在线购买毕竟不同于线下实体店的购物环境。人们无法通过触摸、试用等最直接、最有效的方法去判断商品的品质和适用性。因此，人们渴望得到丰富的、可信度较高的信息来减少网购的风险和不确定性。在此背景下，在线产品评论应运而生。在线产品评论是发表在网络上，对商品和商家进行评价的信息。根据评论原创主体的不同，可以将其划分为三种形式：一是商家对自己的商品进行的点评；二是消费者原创并发表的，其在购买或使用后对商品和商家的网络评论；三是专业人士对新产品进行专业测试和试用后发表的第三方产品评论。

由于后两种形式的在线产品评论更受消费者的青睐，对消费者的影响更大，因此理论界和管理界的关注点均聚焦于此。理论界试图从多视角考察网络评论和第三方产品评论的信息结构特征及其对消费者和企业的影响，并取得了许多有价值的研究成果；管理界则试图将二者作为一种新型的营销工具，提升企业的经营绩效。然而，虽然当前理论界的研究硕果累累，但它们犹如一颗颗散落在在线产品评论大厦各个角落里的璀璨明珠。没有系统整合的它们，不仅内部缺乏一致性，而且由于散落，使得它们无法交相辉映，自然不能更好地指导实践。而管理界也由于缺乏一套系统的在线产品评论理论指导，在利用和应对在线产品评论营销时，也显得力不从心，甚至"误入歧途"，游走在法律边缘。为了将现有的理论界研究成果系统整合，形成一套严谨、完整的在线产品评论理论体系，以便更好地指导实践工作，我们编著了本书。

本书在吸收了国内外众多学者关于在线产品评论研究成果的基础上，结合当前我国在线产品评论的实践现状，梳理并创造性地提出了一套符合我国电子商务国情的在线产品评论理论体系。该体系以网络评论和第三方产品评论为载体，以二者的信息结构和信息接收者的特征为基石，以对消费者和企业的影响为主线，将现有的理论研究成果进行了系统化集成；同时，从理论出发，为企业实施在线产品评论营销提供管理建议，尽可能地追求理论与实践的统一。

本书具有以下特点：

第一，首创在线产品评论理论体系。尽管关于在线产品评论研究的热度一直不减，然而零散的研究成果，不仅让后续理论研究者难以把握已有的研究脉络和未来的研究方向，而且也让管理者的在线产品评论实践工作缺乏系统性和全局性。本书对消费者原创的网络评论和专业人士原创的第三方产品评论分别进行探讨，基于消费者和企业两大视角讨论了这两种在线产品评论形式的各种影响效应；不仅集成了现有的理论研究成果，创造了在线产品评论的理论体系，也为管理者提供了一套完整的、系统的指导建议。

第二，理论基础扎实。本书是在梳理国内外在线产品评论研究的基础上，充分吸收各位学者的研究精华，融入自己的思考和研究提炼而成。前人的研究成果均有规范的实证研究做保证，确保了本书观点和结论的正确性。

第三，实践指导性强。本书在强调扎实理论基础的同时，也注意到其对实践的实用性问题。书中大量引用我国现有的在线产品评论的实例，对理论进行说明和阐释，方便阅读者对相关理论的理解和运用。另外，书中也在适当的地方指出了相关理论应用的方法和注意事项。这些都大大增强了本书的实践指导性。

本书既对现有的在线产品评论理论进行了系统集成，又关注了理论的指导意义，因此本书既可以作为在线产品评论研究者的参考文献，又可以作为从事电子商务的管理者实施在线产品评论营销的参考工具，还可以作为消费者如何更好地利用在线产品评论做出合理的在线购物决策的参考书。

本书在写作过程中，得到了中南财经政法大学宁昌会教授的悉心指导，在此特向宁教授表达最诚挚的谢意，衷心祝愿您身体早日康复，永远健康！同时，本书还参阅了国内外学者们的大量的研究成果（主要的参考文献已在书后列出），在此也向各位学者表示感谢和敬意！最后，本书得以顺利出版，得益于世界图书出版广东有限公司的鼎力支持，在此也一并表示感谢！

由于阅读的文献范围有限，加之首次对在线产品评论理论进行系统集成，书中难免出现不足，敬请各位读者批评指正！

胡常春

2015 年 12 月于晓南湖

目录

第一篇　在线产品评论

第二篇　网络评论

第三篇　第三方产品评论

第一篇

在线产品评论

30岁的苏宁刚刚被提拔为公司的销售主管，随着职位提升的还有他的收入。为了提高生活质量和工作效率，他决定在国庆节商家大促销期间购买一辆25万左右的小轿车。然而，提起买车，苏宁又感觉一头雾水，因为自己对小轿车的购买知识一无所知。他首先向周围的朋友和同事寻求建议，但这些建议不仅数量少，而且比较片面，无法让自己对汽车产品和相关事宜有全面和深刻的认知。接下来的几周的时间里，苏宁在工作之余通过电脑和手机，上网搜索自己比较中意的几个品牌小轿车的消费者评论和专业评论。通过消费者评论，苏宁了解了这些品牌旧款小轿车的特点和性能；而通过专业评论，则全面、深入地了解了它们新款的特色以及与旧款的区别。经过一番认真比较，苏宁最终选择了一款心仪的轿车。

在网络发达的今天，几乎每位消费者、每次购物都会经历这种消费决策行为过程。在该购买决策过程中，消费者评论和专业评论等在线产品评论对于消费者购买决策行为具有显著的影响。在线产品评论不仅能帮助消费者进行合理的购物决策，而且企业还能通过有效管理在线产品评论而影响消费者购买意愿和行为、提升销售额、制订合理价格、完善和开发新产品等。事实上，许多企业已经将在线产品评论作为一种新型的营销工具。

本书拟基于在线产品评论内涵的阐述、两种形式的在线产品评论（网络评论和专业评论）特点和影响效应的剖析，以期为相关理论研究梳理在线产品评论领域的研究现状，同时也为企业了解和管理在线产品评论、提升营销绩效提供实践建议。

第 1 章 在线产品评论概述

一、在线产品评论的含义

根据消费者购买决策五阶段模型（见图 1–1），当消费者认识到需求问题后，为了降低购买决策的风险，就会通过商业、公共、经验和人员这四大渠道（见表 1–1）大量搜索信息，供自己决策参考。

图 1–1 消费者购买决策五阶段模型

表 1–1 消费者购买决策时搜集信息的来源

信息来源	来源举例
人员方面	家人、朋友、邻居、其他消费者
商业方面	商家广告、商家网站、销售员、经销商、产品包装、展销会
公共渠道	大众传媒报道和评论、第三方专业人士和机构的评测
个人经验	消费者本人过往对该产品的消费、使用和处置经历和体验

在这四大类信息搜索渠道中，商业方面的信息最容易获得，信息量也非常大，但其可信度不高；尤其是在当前消费者选择余地大，产品知识日益丰富的今天，人们对商业信息的说服作用有了较强的“免疫能力”。

个人经验对潜在消费者的影响甚为重大，但当产品出现升级换代，或市场出现全新产品时，该渠道就无法为个体提供强有力的信息支持。

在公共渠道中，大众传媒经常发表一些关于新产品的新闻报道和相关评论，还有一些专业人士和网站（尤其是垂直网站）也常常针对新上市的产品进行评测，发布第三方产品评论信息（见图 1–2）。这些评测信息是由商家与消费者之外的专业人士，运用专业仪器设备进行测试，试用新产品，从专业角度全方位解读新产品的特点，然后通过详细的说明或者与其他产品进行比较而得到的产品信息。它们往往能为消费者深入、全面了解产品提供信息参考，但这种信息源一般只限于新产品。

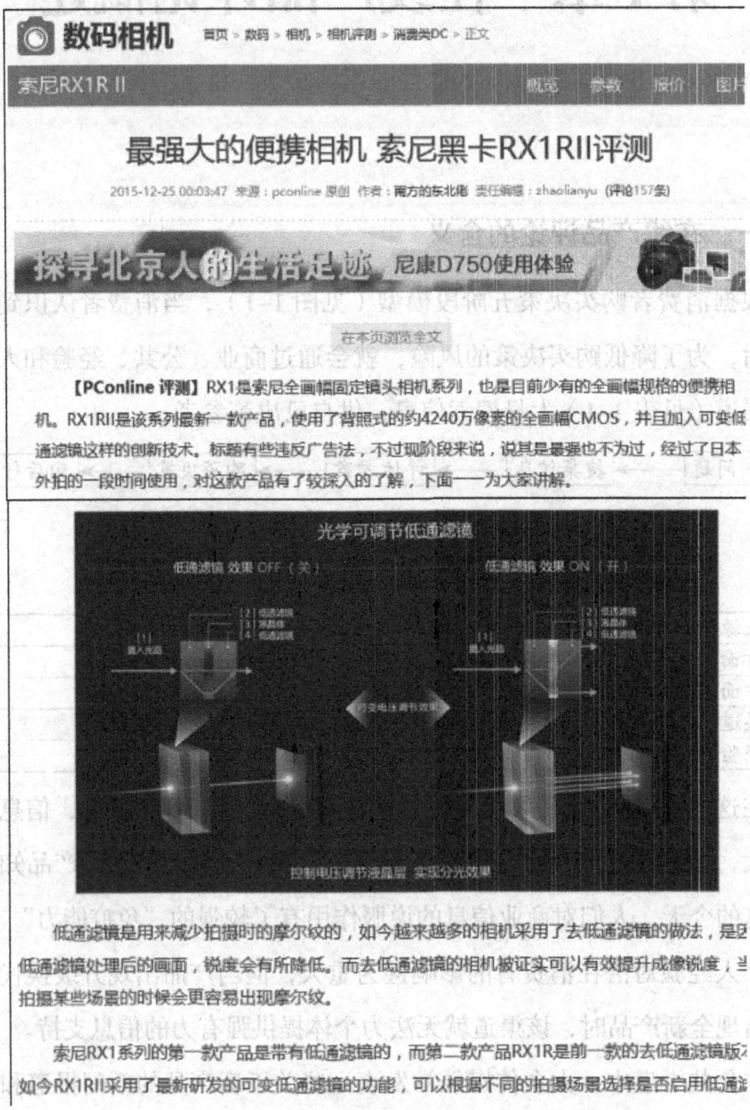

数码相机 首页 > 数码 > 相机 > 相机评测 > 消费类DC > 正文

索尼RX1R II 概览 参数 报价 图片

最强大的便携相机 索尼黑卡RX1RII评测

2015-12-25 00:03:47 来源：pconline 原创 作者：南方的东北佬 责任编辑：zhaolianyu (评论157条)

探寻北京人的生活足迹 尼康D750使用体验

在本页浏览全文

【PConline 评测】RX1是索尼全画幅固定镜头相机系列，也是目前少有的全画幅规格的便携相机。RX1RII是该系列最新一款产品，使用了背照式的约4240万像素的全画幅CMOS，并且加入可变低通滤镜这样的创新技术。标题有些违反广告法，不过现阶段来说，说其是最强也不为过，经过了日本外拍的一段时间使用，对这款产品有了较深入的了解，下面一一为大家讲解。

低通滤镜是用来减少拍摄时的摩尔纹的，如今越来越多的相机采用了去低通滤镜的做法，是因
低通滤镜处理后的画面，锐度会有所降低。而去低通滤镜的相机被证实可以有效提升成像锐度，当
拍摄某些场景的时候会更容易出现摩尔纹。

索尼RX1系列的第一款产品是带有低通滤镜的，而第二款产品RX1R是前一款的去低通滤镜版本
如今RX1RII采用了最新研发的可变低通滤镜的功能，可以根据不同的拍摄场景选择是否启用低通滤

图 1–2 专业人士发布的第三方产品评论（节选）

资料来源：太平洋网 http://dc.pconline.com.cn/736/7361963_all.html#content_page_2（节选）

人员渠道方面的信息最容易获得，消费者的信任感也最强。但传统人员渠道的线下搜索得到的信息不仅数量少，质量也难以保证，毕竟个体能接触的且对产品熟悉的人员比较少。随着网络的普及，人们开始在网络上搜索、阅读、比较其他消费者的在线产品评论信息，由于这些在线信息规模大、视角多，因而能帮助潜在消费者从不同角度全面评价待购产品，做出相对理性的购买决策。

那么，在上述能帮助消费者进行合理购买决策的信息中，哪些属于在线产品评论？关于在线产品评论的定义，目前还不统一，大体上可分为两种观点：

（一）狭义的在线产品评论

部分国外学者和许多国内学者认为在线产品评论（Online Product Reviews，以下简称 OPRs），是指那些由消费者原创的，发布在网络上的关于商家和 / 或某产品（或服务）使用、消费或处置后对其某项属性或总体感受的评价。这种定义将 OPRs 局限于由消费者原创，从而将专业人士原创的第三方产品评论排除在外。换言之，只要评论内容是由消费者原创，不论其发布于何种网络平台（厂家官网、商家官网或诸如大众点评等第三方平台）均属于 OPRs。

（二）广义的在线产品评论

与狭义 OPRs 定义不同的是，部分国外学者（如 Chen et al.，2011；Chen & Xie，2005；Santosh & Babu，2014）认为 OPRs 从字面上理解，只要是发布于网络之上的产品评论均应属于其范畴之内。因此，从广义上讲，OPRs 泛指一切与产品（或服务）和 / 或其商家有关的评论，既包括消费者原创的评论，也包括企业（厂家和商家）以及专业人士原创的评论（广义与狭义 OPRs 的区别见图 1-3）。

（三）本书定义

本书认为，OPRs 包含三个要素：一是在线，即必须发布于网络上，

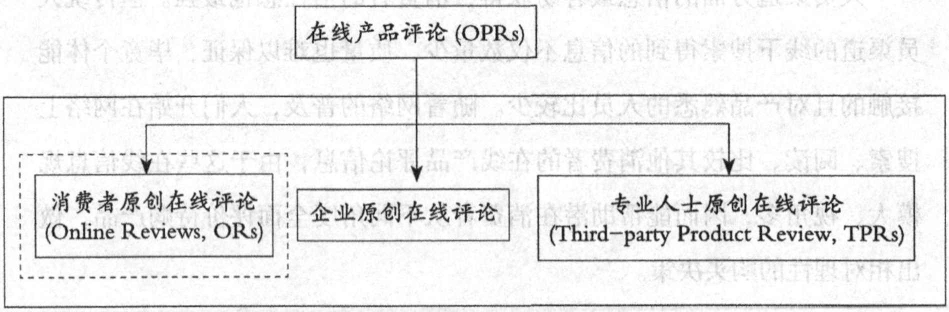

图 1-3 广义与狭义 OPRs 区别

此与线下产品评论区别；二是关于产品和/或其相关的商家，即评论内容要与商家和/或产品的属性、消费、使用或体验等相关，从而有别于网络上的其他信息；三是评论，即信息内容必须是在对商家服务和/或其产品进行试用、检测、消费、使用或体验后的真实情况和感受进行描述、评价或推荐，从而与单纯提供产品信息的广告区别开来。因此，从这个角度来讲，本文借鉴广义的定义，认为 OPRs 是指发布在网络上的，对商家服务及信誉和/或其产品试用、检测、消费、使用或体验后的真实情况和感受的描述、评价或推荐；发表评论的主体可以是消费者、专业人员，还可以是企业自身。

之所以将企业和专业人士原创的在线产品评论纳入，是因为这两类信息同样可以为消费者的购买决策提供信息来源，而且许多消费者在进行购买决策时，常常从多种渠道收集在线信息进行比较和鉴别，从而获得对购买决策有用的信息。

二、在线产品评论的分类

根据发表评论的主体不同，在线产品评论（OPRs）可分为三种：

（一）企业原创的 OPRs

从形式上看，企业原创的 OPRs 与专业人士原创的 OPRs 大致相同，都是从专业角度对新产品进行测评后发布的产品评论信息。但是，由于原创主体为企业自身，而且往往发布在企业官网之上，难免有吹嘘、推销之嫌，因此这种在线产品评论对消费者的影响较小，本书将不作介绍。

（二）消费者原创的 OPRs

消费者原创的 OPRs 也称为网络评论（Online Reviews，ORs），由于消费者之间具有天然的亲近性，而且消费者原创的 OPRs 是在其以消费者身份进行产品或服务的消费和体验之后发布的感受和评价，其立场和产品使用情形与信息阅读者（即潜在消费者）极其相似，因此这种形式的 OPRs 极受其他消费者关注，对其他消费者的影响在三种 OPRs 中也是最大的。

这种形式的 OPRs 发布平台也最为广泛，不仅可以出现在厂家或零售商的官网，也可以发布在电商平台（如淘宝、京东、亚马逊等），还可以发表在专门的第三方口碑网上（如大众点评网等）。

（三）专业人士原创的 OPRs

在我国，这种形式的 OPRs 目前一般由垂直网站（如汽车之家）或水平网站（如腾讯网汽车频道）原创而成。具体来说，一般由专业人士对刚上市或准备上市的新产品进行专业检测和试用，然后在这些网站上发布其原创的在线产品评论信息。

这种形式的 OPRs 与企业原创的 OPRs 相比，内容更专业、更全面、更丰富，加之其立场中立，因而能吸引那些意见领袖、产品涉入度较深的人或产品发烧友之类的潜在消费者的关注。

由于这类在线产品评论的原创主体为交易双方之外的专业人士，因此也称为专业产品评论（Professional Products Reviews, PPRs），或第三方产品评论（Third-party Product Reviews, TPRs）。[1] 然而，关于第三方产品评论的内涵界定目前存在着较大的分歧。国外学者一般认为只有专业人士

[1] 第三方产品评论有线上和线下之分，由于本书专门探讨在线产品评论，因此本书所称第三方产品评论如无特别说明均指在线的第三方产品评论。

或评论家原创的评论才称之为第三方产品评论，而不论其出现在何种平台之上；国内学者则认为只要是出现在第三方平台（如大众点评网）之上，不管其原创主体是谁，均可以称之为第三方产品评论。

这种分歧可能与专业人士或专业评论家在国内外的地位差异有关。在国外，原创并发表第三方产品评论，是一种独立的、深受人们喜爱的职业，该专业人士也颇受人们的尊敬。比如，在美国影评界，罗杰·伊伯特是个令人高山仰止的名字。在星光大道留星，受到普利策奖褒扬，所有影评人看似遥不可及的荣誉，都成了他家书房的摆设。因此，国外学者一般认为，只有由相关专业人士原创的评论信息才能被称为第三方产品评论。然而，在国内，目前专业人士或评论家处境较为尴尬，难以达到国外同行那种影响力，其发表的评论自然不会受到重视。

尽管如此，专业人士原创的第三方产品评论与消费者原创的网络评论相比，无论其专业性，还是其内容长度，都是后者无法比拟的，二者存在显著的差异。更为重要的是，第三方产品评论也是消费者购买决策时搜集的信息来源之一，对消费者的品牌忠诚、购买意愿、企业的销售收入等同样具有显著的影响。因此，本书采纳国外学者的观点，认为第三方产品评论是指仅由专业人士原创的产品评论信息。

【本章小结】：本章主要介绍了在线产品评论的含义及其分类，将现有的在线产品评论进行了梳理和界定，提出广义和狭义在线产品评论之分。同时，基于现实和前人研究成果，以原创主体差异为标准，将在线产品评论分为三种：企业原创的在线产品评论、消费者原创的在线产品评论和专业人士原创的在线产品评论。本章首次对在线产品评论含义和分类进行了厘定，为今后的相关领域的研究打下了一定的基础。

第 2 章　在线产品评论与在线口碑的关系

一、在线口碑的内涵

在线口碑是口碑的一种，要了解在线口碑的内涵，我们先梳理一下口碑的内涵。

（一）口碑的内涵

一般认为口碑最早是由 Arndt （1967）提出，认为口碑是指一个非商业的、具有感知能力的信息传播者就某个品牌、商品或服务与信息接受者的非正式信息沟通行为。因此口碑传播是一种不带商业目的且与商品或服务评价相关的沟通行为。口碑的传播可使先前消费者和潜在消费者分享品牌、商品或服务的购买、消费经历和体验。

随后，Westbrook（1987）将口碑的定义拓展为“个体与个体之间关于商品或服务以及对其消费体验的一切非正式的沟通和交流”。由此进一步限定口碑不是厂家或商家对商品进行的各种广告、营业推广和公共关系，而是发生在人与人之间（即消费者之间）的非正式交流。

Tax 等（1993）将口碑的概念进一步拓宽，认为这种消费者个体之间的非正式的交流可以是正面评价，也可以是负面的评价，即消费者会与其他消费者分享自己愉快（正面）或者不愉快（负面）的购买和消费体验；

这种交流还可以是客观型或者是主观型的，前者是指消费者之间主要分享的是介绍商品或服务的一些基本信息，后者则是指具有分享者的交流信息带有显著的个人感情色彩，即带有强烈的主观判断。

随着网络的不断普及，Christiansen 和 Tax（2000）指出消费者在网上发表消费体验方面的评论，实际上就是一种消费者个体之间的口碑沟通的形式，只不过把沟通的形式由口口相传的声音转换为文字形式而已。

综上所述，口碑包含了传统线下口碑和在线口碑两种形式，且其最主要的特征有两个：一是发起和接收的主体均为消费者或大众；二是沟通内容与商品或服务的购买、消费经历和体验相关。

（二）在线口碑的定义

在线口碑（Online Word-of-Mouth），又称电子口碑（Electronic Word-of-Mouth）、网络口碑（Internet Word-of-Mouth），是指消费者借助网络渠道就某产品/服务的购买、消费行为所涉及的方方面面的体验和感受而开展的在线交流。在线口碑实质上是线下传统口口相传的口碑向线上延伸的一种表现形式。由于是在线交流，因此，在线口碑与传统口碑相比，具有许多优点。比如，在传播方式方面，由线下的一对一线性式面对面，变为多对多非线性传播；在传播效果方面，传统线下口碑传播速度很慢，而在线口碑呈现出病毒式、几何指数级的高速传播。

在网络普及的今天，在线口碑的威力受到许多企业的青睐，著名的小米手机就是通过对在线口碑的积极管理，培育粉丝，一举成为国产手机的第一品牌。

（三）在线口碑的表现形式

关于在线口碑的表现形式，理论界有两种划分标准：

1. 七分法

按交流方式的不同，在线口碑可分为 7 种形式（如表 2-1 所示）：消费者在线产品评论（即网络评论）、邮件包裹、网上论坛、邮件列表、个人邮件、聊天室、即时通信。

2. 十一分法

按交流模式和交互特性两个维度进行划分，在线口碑可分为论坛 BBS 等 11 种形式（如图 2–1 所示）。

表 2–1　在线口碑表现形式及特征

形式	说明	口碑信息特征
消费者在线产品评论（即网络评论）	让消费者发表个人产品意见的评台，存在于产品网站、商业销售网站、个人网页或消费抱怨网站等	常持续一年以上，每条信息可被一般消费者较容易地获得
邮件包裹	包括消费者、读者评语或反馈，刊登在各类组织如消费产品制造商、服务供应商、杂志或新闻组织的网站上	亦可持续相当长的一段时间
网上论坛	包括电子布告栏、新闻群组等，可供特定议题持续讨论的平台	
邮件列表	将消费者意见、使用经验等经由电子邮件发给邮件列表中的会员	需存档才可取得信息内容
个人邮件	个人发送信息给另一个人或一群人	
聊天室	网上群组内成员对特定议题即时讨论	讨论过程中才可获得信息，结束后信息即消失，无法复查和保留对话信息
即时通信	网上个人与个人或群体之间的即时对话	可保留对话信息

资料来源：Bickart & Schindler（2001），郝媛媛（2010）

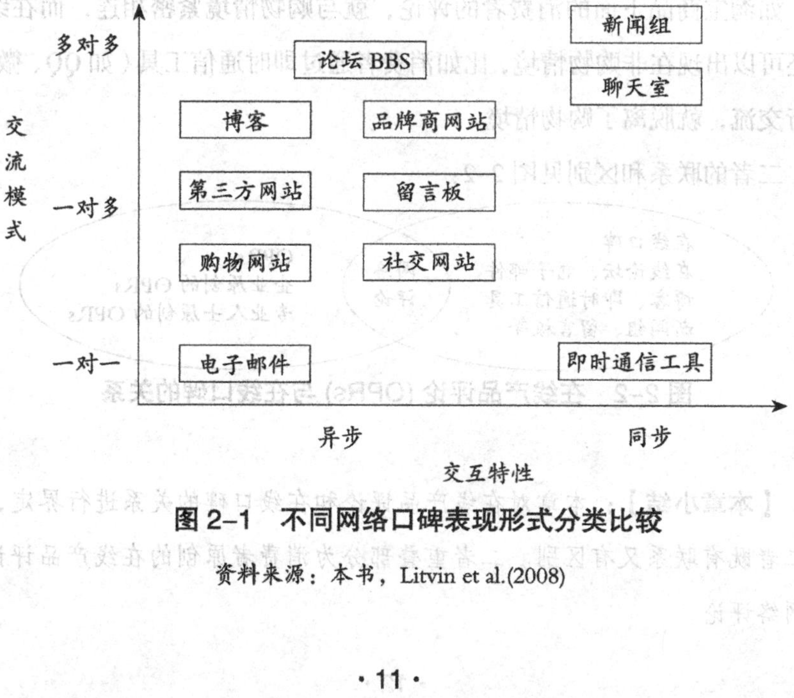

图 2–1　不同网络口碑表现形式分类比较

资料来源：本书，Litvin et al.(2008)

尽管在线口碑的表现形式有多种，但它们的核心都是消费者之间对某种产品或服务进行的非正式的在线交流和沟通。这种交流因其传播速度快、扩散面广，对企业的营销绩效具有重大的影响。

二、在线产品评论与在线口碑的关系

对比二者的定义和分类可以看出，在线产品评论与在线口碑既有区别又有联系：

（一）二者联系

一是二者都是关于某产品或服务的属性、购买、消费、使用和处置等各方面的评价；二是它们都是在网络环境下进行的交流；三是二者都包括了消费者原创的在线产品评论。

（二）二者区别

二者主要区别：一是在线口碑仅限于消费者原创的交流和沟通信息，而在线产品评论除此之外还包括企业和专业人士原创的评论信息；二是在线产品评论主要出现在厂家、商家的官方网站或第三方电商平台的购物情境，如淘宝商品下面的消费者的评论，就与购物情境紧密相连，而在线口碑还可以出现在非购物情境，比如消费者通过即时通信工具（如 QQ、微信）进行交流，就脱离了购物情境。

二者的联系和区别见图 2-2：

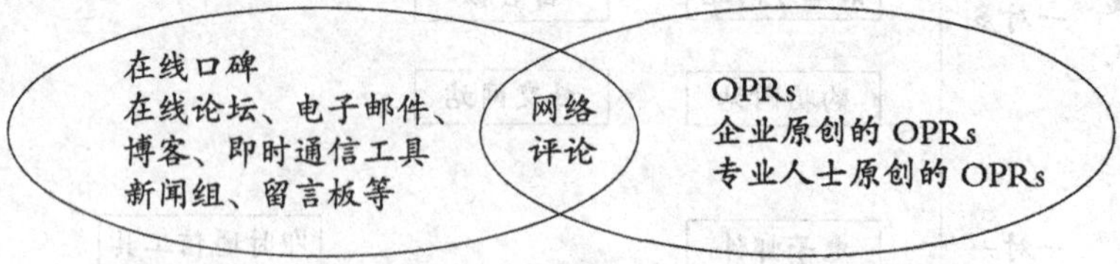

图 2-2　在线产品评论 (OPRs) 与在线口碑的关系

【本章小结】：本章对在线产品评论和在线口碑的关系进行界定，指出二者既有联系又有区别。二者重叠部分为消费者原创的在线产品评论，即网络评论。

第二篇

网络评论

男子网购手机给差评 卖家坐飞机上门威胁

就因在淘宝上给店家一个差评和中评，武汉市新洲区旧街市民陈先生被卖家骚扰了近一个月。2015年5月23日，卖家从深圳乘飞机，不远千里来到武汉，称不删评论，就暴露陈先生个人信息，卖家还向旧街派出所报警称陈先生敲诈。陈先生烦不胜烦，昨日致电本报，他气愤地说："买的东西不喜欢，还不能给差评吗？没见过这样较真的卖家。"

网购给差评 卖家利诱求删除

陈先生今年25岁，家住新洲区旧街四合庄。5月1日、5日，他在淘宝上一家名为"领域数码通讯"的手机网店里，购买了两部苹果手机。他认为第一部手机的充电器和耳机不是原装，给了差评。评论中他有一说一，说手机本身没有问题。此外，他质疑卖家下方有两条不同的评论发一样的图片，涉嫌造假，给了个中评。

"接下来，可怕的事情就发生了。"陈先生找出了他与卖家的聊天记录。"我跟你无冤无仇的，修改好评价，我给你返现200元吧。"在聊天记录上，记者看到，这是陈先生给了差评、中评后，卖家最初发来的。陈先生说，他只是实话实说，并没有针对卖家，便拒绝删掉评论。

5月22日，陈先生接到电话，称不删评论，就要锁他的手机。与卖家沟通时，对方回应称："你怎么对我们，我们就怎么对你。"让陈先生"多珍惜跟手机相处的时间"。

"我知道他锁不了我的手机，就没太当回事。"陈先生原本打算不理卖家，觉得时间长了，事情也就自然完结了，可第二天发生的事，让他意识到，事情还远远没有结束。

千里打飞的 卖家来汉放狠话

5月23日上午10时，卖家在车上给陈先生发来图片，背景是新洲区旧街派出所。卖家称，他就是想告诉陈先生，他来武汉了，且"不是为了拍几张照片”给他看。他会住上一段时间，还可以找到陈先生的家人，然后做一个横幅，打上陈先生的名字、电话、QQ号，挂车上绕其家乡一圈。“不过瘾了，再喊上科技市场的朋友一起，多来几辆车。”卖家在聊天中说，他可以顺便帮陈先生“宣传宣传”。

5月26日，陈先生接到旧街派出所电话，称卖家报警说他敲诈。一翻解释后，民警没有立案，让他回了家。

“卖家是疯了吗？”陈先生说，他无法想象，仅仅因为两条评论，卖家在网上承诺返现、威胁锁机不说，还专门从深圳冲到武汉，逼他删评论。

买家很执着 差评是有一说一

昨日，记者在淘宝上登录“领域数码通讯”网店，发现该网店苹果手机的月销售量近6000单，差评与中评加起来不到20条。如此大的网店，为何要因删一条中评与差评，先承诺返现，后威胁锁机，乃至不惜千里赴汉找买家理论？

领域数码通讯店长徐先生解释称，淘宝生意不好做，一般遇到个别客户打差评后，他们都会通过返现来弥补，让顾客删除差评。但徐先生一直不要他们的返款，坚持不删差评。此外，他看到陈先生在其他两家手机店里，也曾买过苹果手机，因售后原因给的是差评，他怀疑陈先生是职业差评师。专程来武汉是想举报陈先生涉嫌欺诈，让其删掉不实的差评。

那么，什么是职业差评师？记者网上搜索发现，职业差评师专门以给网店差评谋利，他们一般瞄准信誉较低的卖家，收到货后净说不好，引诱卖家打电话，最后在电话里说要钱。

“我从来没有要过钱，只是诚实地说出自己的看法。”陈先生否认自己是职业差评师，称买到的东西不好，他就有权给差评。他从未因卖家要返现，就删掉差评。徐先生也向记者承认，这么多天来，陈先生从未向他们开口要过钱。

湖北忠三律师事务所律师张亚奇表示，未经买家同意，卖家不得将其个人信息到处发布，否则就侵犯了买家的隐私权。张亚奇认为，徐先生的做法是不合适的，面对差评，卖家最好还是细心解释，改进自己的服务态度和商品质量。

（资料来源：新浪科技，2015 年 06 月 14 日 09 ：28：http://tech.sina.com.cn/i/2015-06-14/doc-ifxczqar0865757.shtml）

在在线产品评论三种形式中，由消费者原创的网络评论（ORs）对潜在消费者的影响最大。究其原因主要有三个方面：一是网络评论直接和产品信息联系在一起（如淘宝、亚马逊、京东、大众点评和美团等），消费者在进行产品评估和购买决策时，很容易获得网络评论信息；二是网络评论由消费者原创，在潜在消费者看来，只有经过以消费者身份进行的消费体验的评论才是最真实、有用和可靠的信息来源；三是网络评论的原创主体和阅读者（潜在消费者）相似性比其他在线产品评论原创主体要高，这种相似性促进了阅读者对网络评论信息的感知信任和感知有用性。

网络评论对潜在消费者的强大影响力，不仅得到理论界的关注，也受到企业界的重视，上述引例就可见一斑。因此，本篇将专门讨论与消费者原创的网络评论有关的问题，具体包括以下内容：消费者搜索和发表网络评论的意愿、网络评论对消费者及企业的影响、网络评论有用性及其投票的影响因素、网络可信度的影响因素、追加网络评论的效应、负向网络评论的效应、网络水军及好评返现等。

第 3 章 网络评论概述

先看评论再购物

自网购兴起后，先看评论再购物就成了很多消费者的首选方案。不过现如今，各大电商的评论系统大相径庭，所以看评论也得有些技巧才行。

京东商城：跟帖很好很强大

作为国内电商的领军企业，京东商城的评论体系分为好评、中评、差评三大类。其中，大多数自营商品的好评率可以达到 90%，很多优质热销产品的好评率甚至在 95% 以上。与其他电商有所不同的是，京东商城还可让其他网友针对评论进行跟帖“回复”。如此一来，那些遭受恶意差评的优质商品，就经常会有沉冤昭雪的机会，并且通过众多网友的跟帖“回复”，很多评论帖子甚至成了网友们互相讨论、互相交流、互相分享的平台，其效果甚至强于很多知名的购物论坛。不过需要注意的是，由于京东商城的跟帖“回复”太过自由，所以也存在不太和谐的现象，尤其是“菜鸟”级网友所发布的评论，偶尔还会遭到“大虾”级网友的贬低和攻击。虽跟帖“回复”中并没有谩骂语言，但仍会让“楼主”的身心受到影响，所以笔者还是希望京东商城能规范一下评论方式。

至于商品评论的真实性，京东商城的表现还是不错的。不少网友甚至还会调侃一下京东老总的恋爱事件，而这些评论并没有被屏蔽。可见京东商城的评论体系还是比较值得信赖的，同时也可为其他消费者带来帮助。

亚马逊：差评最明显

与国内背景主流电商有所不同，有海外背景的亚马逊中国在评论体系方面更为客观、真实。按照亚马逊中国自己的承诺："所有评论均来自亚马逊客户，亚马逊严格管理评论质量，不刻意隐瞒差评。"而根据亚马逊中国的官方规定来看，除违法、广告及极少数不恰当内容之外，所有评论均可真实、完整地呈现在商品页面中。更为重要的是，亚马逊中国还额外提供了"这条评论对您有用吗？"的投票选项，如此一来，就导致越是写得危言耸听或吹毛求疵的评论内容，就越会受到其他消费者关注，从而也就导致很多商品的"差评"会被放在商品页面中的最显著位置，总会给人一种惴惴不安的感觉。针对此种情况，笔者建议消费者在购物时多看看其他消费者的评论，包括"好评"和"差评"，只有这样，才能对商品有更真实的了解。否则只看差评的话，很多商品就不敢下单购买了。

至于商品评论的真实性，亚马逊的表现可以用接近满分来形容。唯一的缺点就是，评论体系分为 1 至 5 星五个等级打分，便捷性方面还是不如好中差评来得直观。

苏宁易购：卖萌客服很尽责

与京东商城评论体系有些相近，苏宁易购的评论体系同样具备跟帖回复功能，但前者是网友自由跟帖回复，后者是在线客服的跟帖回复。根据笔者体验来看，苏宁易购的在线客服可以说是"很萌很尽责"。简单举例来说，如果一款商品的评论内容是"真的还不错、性价比高"，但网友却给了"中评"，那么，苏宁易购的在线客服就会跟帖："小主，您好！我是苏某某！看到您的反馈，小的们心里美滋滋的！如果您感觉好，一定要给一个高分好评哦！成长的路上有您陪伴我们备感幸福，您的满意是我们永恒的追求。"而如果消费者的评论是差评，并表达对苏宁客服的不满意，那么，苏宁易购在线客服就会跟帖："小主，您好！我是苏某某！我们会尽快查询您的订单确认一下具体情况，请您保持手机畅通并耐心等待回复。

孔子言：人无信不立。意思是人没有了诚信就等于没有了立足之地。可见诚信对我们来说是千金难买呀。失去您对我们的诚信只是分秒之事，可再想获得您的认可却难上加难。您若心寒，我便是春天里的一米阳光。”综上所述，苏宁易购自从推出客服首位责任制之后，在线客服不仅卖萌，而且还很尽责。

至于苏宁易购的商品评论体系，则分为好评、中评、差评、追评四大类。根据笔者调查来看，前几年网友还会反馈差评被屏蔽问题，但最近两年，这种问题已不复存在，所以其评论的真实性还是值得信赖的。更为重要的，就是“追评”这个选项，可以让用过一段时间之后的网友进行评论反馈，诸如商品质量及保修问题，均可在这里找到。相比好、中、差评来说，可以给其他消费者带来更大帮助。

淘宝集市：小心虚假好评

目前来看，淘宝集市的评论体系仍沿用好评、中评、差评、追评四大类，所以竞争压力十分巨大。由于其性质属于 C2C，所以不仅有其他 B2C 主流电商挤压，同时还有同门天猫商城的摧残。如此一来，淘宝集市为增加好评，所以也就衍生出“好评返现”这个行当。举例来说，一款 9.9 元包邮的特价商品，就可能推出好评返现 2 元的促销活动，只要“旺旺截图给客服”，即可在好评之后获得 2 元现金返还，相当于 7.9 元包邮。不过这样一来，就使得淘宝集市中充满各种各样的虚假好评，再加上淘宝集市也是同行竞争恶意差评的多发地，所以消费者唯一的途径就是，查看追评才能获得商品的真实信息。

天猫商城：没了好、中、差评

与淘宝集市有所不同，天猫商城的评论体系取消了好、中、差评，而是采用 1 至 5 星这五个等级打分。如此一来，消费者也就没有机会单独查看中差评来了解商品的真实信息。更为重要的是，天猫商城也开始效仿淘宝集市来推广好评返现活动，所以虚假评论内容同样不少。唯一值得庆幸的是，天猫商城还有一个“追评”选项，几乎都是使用一段时间之后的网友评论，所以多少会给消费者在购物时带来一些帮助，但这片“净土”也已开始被“好评返现”所侵袭，未来前景十分堪忧。

（资料来源：中国证券报，2015-02-07：http://finance.china.com.cn/stock/20150207/2951048.shtml,2015-11-20）

从上面的引例可看出，消费者原创并发表的网络评论在不同的电商平台有不同的表现形式，因此有必要对网络评论进行概述。

一、网络评论的定义

首次明确提出“网络评论”的是美国罗格斯大学（Rutgers University）的学者 Patrali Chatterjee，他在 2001 年研究消费者原创的负面评论对其他消费者的影响时，将发布在网络媒体上的、由消费者原创的，关于产品或企业的建议、报怨和推荐等信息视为在线口碑的一种，并命名为“Online Reviews（即 ORs，网络评论）”。然而，Chatterjee 在文中并没有就网络评论给出明确的、规范的定义。

随后，许多学者采用网络评论术语，并从不同角度试图给网络评论下定义。如 Park & Lee（2008）在研究在线口碑过载对消费者购买行为意愿的影响时，指出网络评论是一种重要的在线口碑形式，表现为消费者对网络上出售的产品给出的一种正向或负向的评价。最有影响力的定义是 Park et al.（2008）提出的：网络评论是指那些由过去的、现时的或潜在的消费者原创并发布在网络上，容易被大众搜索并获得的关于某商品或零售商的评价，这种评价既可是正向的，也可为负向或者中性的。

然而，这些定义过于笼统，忽视了网络评论发表的渠道和地点等因素，因而造成了当前学术界对网络评论定义的不同理解。比如，有的学者认为网络评论仅指发布在购物情境下的网站，如淘宝待售商品网页上出现的消费者原创并发表的网络评论信息（Chen 和 Xie，2008）；但也有学者强调只要是消费者原创的对商品或服务进行评价的信息，无论发布于哪里，均称之为网络评论（王远怀等，2013），即将网络评论等同于在线口碑。

本书认为，发布在购物网站上并作为待售商品介绍信息之组成部分的那些网络评论，其影响力、作用和发布地点明显与其他形式的在线口碑（如 QQ 聊天）有着显著的差异。消费者在网购时，待售商品信息介绍页面中的网络评论，无疑是其最易获得的最可靠的信息源，因为发布在此的网络评论信息来自于有过购买和消费经历的其他消费者。而其他形式的在线口碑，如 QQ 聊天，由于需要时间成本和寻找相关懂行朋友的搜索成本，同时即使搜索到可咨询的对象，对方也不一定亲自购买或消费过该特定产品，因此，这些在线口碑形式对消费者来讲，属于高成本、低可靠度的信息源。综上所述，本书将网络评论界定为发布在购物网站上的，由消费者原创的对某特定商家和 / 或其商品进行评价的信息。

二、网络评论的特征

Hennig 和 Walsh（2003）曾提出网络评论具有形式多样、易获得、匿名性和无界性，结合网络评论内涵，本书认为网络评论具有以下特征：

1. 易接近性。如前文所述，网络评论一般出现在网络购物情境中，即出现在网络上出售商品的网页之中，而且购物网站往往会将网络评论长久地、原封不动地保存，因此网络评论容易被潜在消费者所搜索和获取。

2. 具有情感。消费者在购买、使用和消费产品的过程中，会产生不同的体验情感，或愉悦，或失望，抑或心平气和，由此会原创出各种不同情感倾向的网络评论：愉悦，可能原创出正向的网络评论；失望，可能原创出负向的网络评论；而心平气和，则可能原创出中性的网络评论。

3. 形式丰富。网络评论的表现形式种类繁多，既可以是先前消费者单方面发表的评论，也可以是其他消费者对其评论进行的反馈（如有用性投票或回复）；可以是单纯文字，也可以是文字加图片；可以是一次评论，还可以表现为追加评论。

4. 匿名性。由于网络评论出现在网络之上，因此发表人出于隐私考虑，会以网名或匿名的形式来发布其原创的评论。

5. 无界性。消费者一旦将原创网络评论发表在购物网站上，将被长久地保存在网络之上，此后无论何地、无论何时，其他消费者均可上网阅读。

三、网络评论的维度

关于网络评论的维度，一般公认的主要有四种：

（一）数量维度

该维度是指某商品 / 服务被消费者评论的次数（见图 3–1）。一般来讲，数量维度越大，说明购买或关注该商品的消费者数量越多，在一定程度上代表着该商品 / 服务的流行度和受关注度。因此，数量维度起着一种通知作用，进而激发并影响其他浏览或关注该商品 / 服务的人的兴趣及感知。

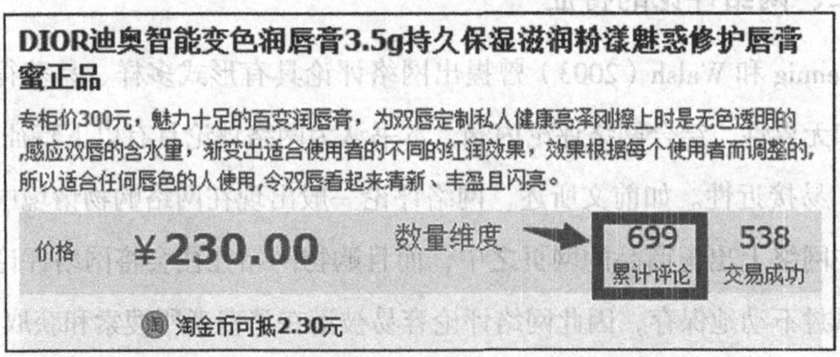
DIOR迪奥智能变色润唇膏3.5g持久保湿滋润粉漾魅惑修护唇膏蜜正品
专柜价300元，魅力十足的百变润唇膏，为双唇定制私人健康亮泽刚擦上时是无色透明的,感应双唇的含水量，渐变出适合使用者的不同的红润效果，效果根据每个使用者而调整的,所以适合任何唇色的人使用,令双唇看起来清新、丰盈且闪亮。
价格
¥230.00
数量维度
699
累计评论
538
交易成功
淘金币可抵2.30元

图 3–1　网络评论的数量维度

（二）情感维度

情感维度是指消费者原创的网络评论信息中所包含的情感的正负方向和主客观倾向。由于消费者在购物过程中支付了相应的对价，且直接承受相关商品或服务消费和体验的后果，加之网络评论具有匿名性，因此，消费者对消费和体验的感受非常重视，其原创的网络评论的情感倾向也非常明显。

情感维度又可细分为两种：

1. 情感的正负性。情感的正负性体现在两个方面：一是消费者对商品或服务打分评价的数值或级别的高低，如 5 分（级）制里评价小于或等于 3 分（三颗星）的为负向情感，高于 3 分（三颗星）为正向情感；二是虽然没有明确打分评价，但文本信息中的赞扬（批评）或满意（报怨）显著高于批评（赞扬）或报怨（满意）的，也为正向（负向）情感（见图 3–2、3–3）。情感的正负性，表现出明显的正负向的高低差异，因此也被称为效价或者极点（Valence）。

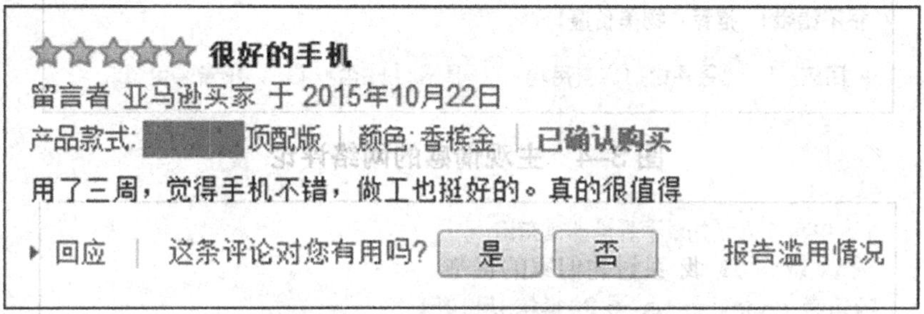

图 3–2 正向情感的网络评论

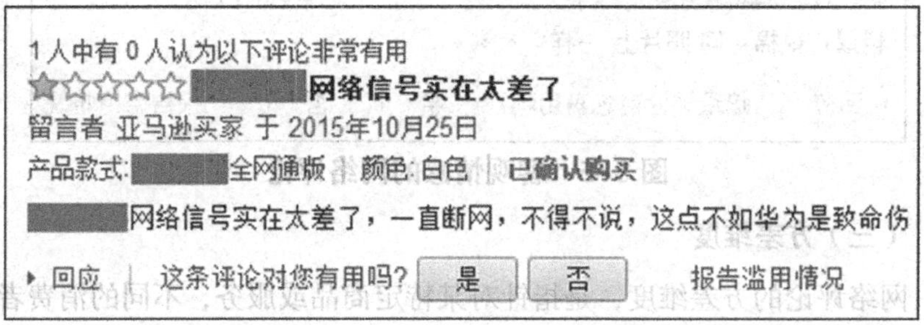

图 3–3 负向情感的网络评论

研究发现，网络评论的情感效价对阅读者（潜在消费者）具有显著的影响。一般而言，正向情感的网络评论对阅读者具有正面的推荐效果，负面情感的网络评论则可能减弱阅读者的购买意向。而且两种极性的效价比较起来，负向情感的网络评论对阅读者的影响要显著大于正向情感（Dellarocas，2003）。这一方面可能是由于商品或服务的正向评价被认为是其所必须具备的基本条件；另一方面，相对于获得而言，人们更关注损失。

2. 情感的主客观性，即网络评论文本所展现的内容特征。如果网络评论内容主要展现出原创者在购买和 / 或使用商品后的主观体验及感受，则称之为主观网络评论或情感信息（见图 3–4）；如果网络评论的内容主要展示商品或服务的属性方面的信息，则称之为客观网络评论或理性信息（见图 3–5）。

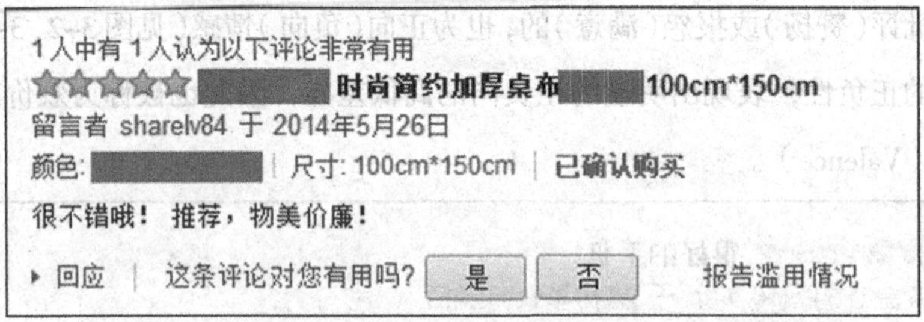

图 3–4　主观情感的网络评论

图 3–5　客观情感的网络评论

（三）方差维度

网络评论的方差维度，是指针对某特定商品或服务，不同的消费者给出的评价存在的差异的离散程度。消费者给出的评价越接近，网络评论的方差就越小；反之，方差就越大。例如，比较图 3–6、3–7，可知图 3–6 评论的方差要高于图 3–7 评论的方差。

研究表明，方差维度的大小对阅读者的影响，受阅读者在阅读之前对该商品或服务的预期方向的调节。也就是说，如果网络评论的阅读者在阅读之前就对该商品或服务存在负向预期，相比低方差的网络评论，阅读者的负向预期更容易被高方差的网络评论加剧；但是，如果阅读者之前对该商品或服务的预期为正向，高方差的网络评论对其正向评价的影响是加强还是减弱则不可一概而论，需依商品或服务的类型、发表网络评论的消费者的数量等具体情形来判断（Park 和 Park，2013）。

图 3–6　高方差的网络评论

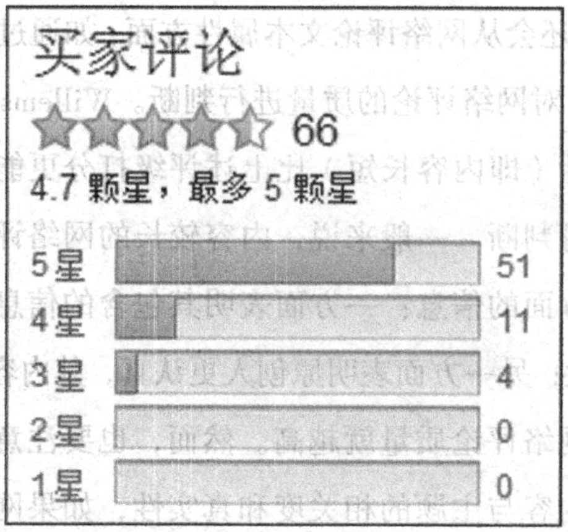

图 3–7　低方差的网络评论

（四）质量维度

质量维度，即网络评论内容给阅读者在真实性、有用性或可靠性等方面的感知。之所以存在网络评论的质量问题，一方面是因为网络评论具有匿名性的特点，与商品或服务有关的利害关系人有可能以消费者的身份或名义在线发表网络评论，诱导阅读者加强或减弱其原有的某种态度、意愿或行为。比如，网络水军或刷单者在线发表网络评论，以加强阅读者对该商品或服务的良好态度以及购买意愿；而竞争者有可能借消费者身份或名义发表负向网络评论，以减弱阅读者对该商品或服务的正向态度及购买意愿。另一方面，即使是真实的消费者，也有可能因其缺乏产品相关知识，或网络评论发表经验不足，其发表的网络评论对阅读者购买决策的参考价值不大。因此，判断网络评论的质量水平，对阅读者来讲，具有重要的意义。

现实中，许多电商平台就专门设置了让阅读者评价其他消费者发表的网络评论的有用性入口。以亚马逊为例，在其评论网页界面，阅读者可通过“有用性”投票来评价其他消费者网络评论的有用性（见图 3-2、3-3、3-4、3-5）。这种有用性投票的方式直接明了，它能直观表明阅读者是否接受该网络评论。某条网络评论被评价为有用占总评价的比例越高，越能说明该网络评论的有用性越高，即质量越高，对其他阅读者的影响也越大。

此外，消费者还会从网络评论文本属性方面，如通过文本内容（字数）的长短（多少），对网络评论的质量进行判断。Willemsen et al.（2011）甚至认为文本属性（即内容长短）比上述评级打分更能影响潜在消费者对网络评论的质量判断。一般来说，内容较长的网络评论，往往向阅读者传递着至少两方面的信息：一方面表明其包含的信息较多，可供参考的价值就可能较大；另一方面表明原创人更认真，其内容就可能更真实。因此内容越长，网络评论质量就越高。然而，也要注意另外一个问题，那就是网络评论内容与主题的相关度和真实性，如果网络评论内容与购买决策无关，或其真实性明显存疑，那么单纯的内容较长，并不一定会带来高质量的感知。

四、网络评论与在线口碑的关系

由于网络评论与在线口碑在形式上非常相似，都是由消费者在网络环境下发表的产品评论，因此，与在线产品评论相比，网络评论更容易和在线口碑相混淆。

从二者的联系来看，网络评论是由消费者就商家和/或其商品的属性、购买、使用等进行的评价，且发布在网络之上。因此，网络评论是一种口碑，更准确地讲，是在线口碑的一种重要形式（见图 3-8）。

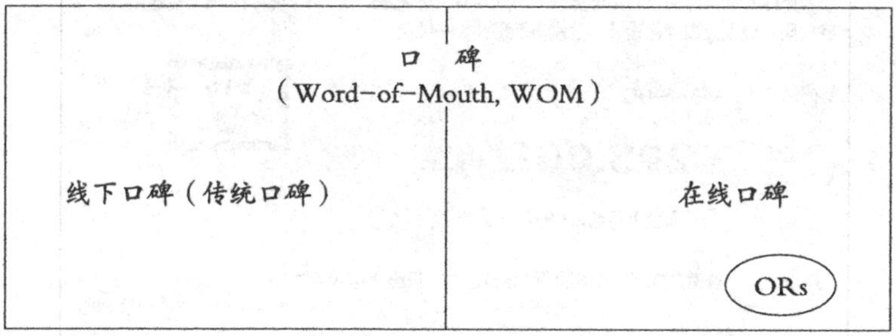

图 3-8　口碑的分类

但网络评论与其他形式的在线口碑相比，又有着显著的差异：

第一，网络评论出现在商务交易情境之中，即可能出现在品牌商网站、第三方点评网站和电子商务交易平台等可能发生交易行为的网站之上。如，淘宝、京东、亚马逊等电商平台上的网络评论比比皆是，且都附着在相关待售商品所在的网页上（见图 3-9）。而其他的在线口碑形式，则可能脱离了原始交易网站。如即时通信工具 QQ、电子邮件等，当人们在 QQ 上聊天或发送电子邮件讨论商品或服务时，其评价行为的时间和渠道已然与交易情境分离。

第二，网络评论由有购买、消费和体验经历的消费者原创而成；而其他的在线口碑形式，比如留言板、QQ 等，可能并非亲身经历，而是通过转发，分享他人的经历。在现实生活中，许多消费者在进行商品或服务信息收集时，可能会通过 QQ（群）形式向其他人征询意见；而其他人给出的建议可能并非其亲身经历，而是转述其曾见过或听过的信息，抑或直接把其他网站上的网络评论复制、分享给征询者。

第三，正是由于上述两点差异，因此网络评论对潜在消费者的影响要显著大于其他形式的在线口碑。当潜在消费者在线购物时，网络评论就出现在商品介绍页面，既醒目又方便获得，加之发表者与潜在消费者身份和地位一致，因此更容易被潜在消费者所信任和阅读，也更容易被其影响。

图 3–9　网络评论出现的常见情境

【本章小结】：本章对消费者原创的在线产品评论，即网络评论（ORs）进行了概述，介绍了其含义、特征、四大维度以及与在线口碑的关系。由于当前研究界对网络评论与在线口碑之间的界定不统一，因此本章将二者的关系进行了梳理，即因为网络评论与博客、电子邮件、即时通信工具等在线口碑形式有着显著的差异，因而网络评论应视为在线口碑的一种重要形式，二者是包含与被包含的关系。

第4章 消费者发表及搜索网络评论的行为动机分析

自网购兴起后，很多消费者形成了先看评论再购物的习惯。那么他们是如何搜索网络评论的？那些发表网络评论的消费者的动机是什么？探讨这些问题，对于考察消费者发表和搜索网络评论的内在机制具有重要的理论意义，同时对于企业如何更好地激发消费者发表评论、更好地搜索评论也具有重大的管理意义。

一、消费者发表网络评论的动机

关于消费者发表网络评论的动机，许多学者从不同角度进行了实证分析（Hennig-Thurau，2004；尹敬刚，2012；李兆飞，2011），总结起来，共有以下几种：

（一）情感分享

消费者在购物、消费、售后等环节中可能会产生愉悦或失望等情感，无论是正向的还是负向的，情感越强烈，人们就越想通过某种方式表达出来。在网络购物环境下，发表网络评论无疑成为人们宣泄某种情感的最好方式。因此，在现实中，我们经常看到，网络评论的情感倾向以正向和负向为主，中立情感倾向的网络评论的数量明显少于两个极端的网络评论的数量。因此，对企业而言，做好购物环境的售前工作，提高服务质量和产品质量，加强售后的沟通，提升消费者积极的情感倾向，使其倾向于在网络上发表正向的网络评论，正面影响潜在消费者。

（二）支持平台 / 商家

消费者在某电商平台或品牌商家那里进行网上购物，如果对购买和消费过程感到满意，就会期望自己今后能持续享受这种服务和购买相关产品，因此也就会激发自身发表网络评论的积极性。另外，对电商平台或品牌商家的粉丝来讲，他们已从内心深处深深崇拜和维护该平台及品牌；为了让平台或品牌更加具有影响力和受人关注，他们就会持续不断地发表网络评论给予支持。

（三）惩罚平台 / 商家

如果电商平台或品牌商家给予消费者的网络购物体验和消费经历是失望的，甚至是郁闷的，那么消费者除了宣泄情感的需要之外，还想通过发表负向的网络评论来警戒、惩罚平台或商家，通过使其可能遭受损失的行为来寻求心理的弥补。比如，消费者通常会在经历不愉快的购物后，发表负面的评论，以防潜在消费者上当受骗，这在客观上起到了惩罚平台或商家的效用。

（四）经济回报

在许多电商平台上，许多商家为了获得好评，就出现了“好评返现”、“好评送优惠券”等操纵评论等不良现象。一些追求个人经济利益的消费者出于经济回报动机，会在网络上发表网络评论。“好评返现”已经被定性为一种违法行为，因为它诱导消费者对商家或商品做出好评的行为，误导了后续消费者，使其难以获得客观、真实、准确的商品信息，违反了《消费者权益保护法》，侵犯了消费者的知情权，依法应当予以纠正或惩处。因此，出于这种动机而发表网络评论的消费者今后会越来越少。

另外，还有一些消费者期望能在今后的交易中获得更好的交易条件（如更大幅度的折扣，附送赠品等）和售后服务，也会积极、主动地发表网络评论。这类消费者与被商家利诱而违心给好评的人不同，他们是自己主动给出好评，并没有受到商家的误导和利诱。他们往往是心肠较软，只要商品或服务不是特别不满意，一般都会习惯性地给予好评。

（五）信息回报

信息回报，是指消费者希望从网络购物平台获得所需要的消息，并同其他消费者交流的动机。

由于网络购物信息不对称、不完全，因此消费者倾向于阅读与商品相关的网络评论。为了能使自己今后获得更多的信息帮助，消费者会出于信息回报动机，在网上发表网络评论，一来表达自己的情感；二来激发其他消费者发表更多的网络评论，从而满足自己未来的信息需求；三来也是为了能融入网上虚拟社区环境，与其他消费者进行互动交流。

（六）提升消费质量

有时消费者在线发表网络评论，是为了给电商平台或品牌商家提供信息反馈，即将他们令人满意和不满意的地方通过网络评论形式表达出来，希望他们在今后的宣传、销售和售后服务中扬长避短，提升产品和服务质量，最终使双方都受益。这类消费者比较理性和挑剔，而且较难满足其需求。稍有不满意，他们便会发表网络评论，促使平台和商家进行服务质量的改进。

（七）卷入度

消费者卷入度是指其对商品或服务的兴趣程度和感知重要程度，它能直接影响消费者接受和处理信息的方式。Dichter（1966）提出消费者的产品卷入、自我卷入、他人卷入和信息卷入是卷入度对消费者传播口碑的主要动机。在网络购物中，消费者的这种卷入度的影响依然存在，消费者对特定商品越感兴趣，感知重要性越强烈，他就越会投入时间、精力和情绪于其中，也越有动力去发表与此相关的网络评论。

二、消费者搜索网络评论的动机

关于消费者搜索网络评论的动机研究，也是硕果累累。因为考察搜索动机，对于相关企业而言意义更为重大。具体而言，对于电商网络平台而言，通过对动机的刺激，可以吸引更多的消费者光顾平台网站浏览，增加平台的流量；对于零售商而言，在掌握消费者搜索网络评论动机后，可以在线对网络评论进行回复反馈，进一步激励消费者发表大数量、高质量的网络评论，从而刺激消费者前来搜索网络评论信息，增加销售机会。下面将重要的研究成果综述如下：

Olshavshy 和 Wymer（1995）在探讨消费者购物、搜索外部新信息的动机时，发现 5 种显著影响消费者搜索信息的动机：购物热情、认知需求、持续性涉入、知觉收益和知觉成本。前四种因素均对消费者信息搜索具有显著的正向影响，而知觉成本的影响则是负向的。

李枫林等（2012）指出推动消费者搜索网络评论信息的动机有 4 种：

（1）信息不对称。在网络交易环境中，虽然消费者能在一定程度上搜索与商品相关的外围信息，但与商品有关的内在质量、服务和竞争品等信息，还是掌握在商家手中。而且消费者一般只能通过商家的产品介绍和宣传资料来获取信息，无法真实感受消费体验、判断产品真实质量。很明显，在这种信息不对称的情形下，商家拥有的信息明显多于消费者，因而处于有利的交易地位。为了增加信息量，尤其是产品真实的质量和消费体验方面的信息，缩小和商家的信息拥有量的差距，消费者因此偏向于在线搜索、阅读和比较先前消费者在购买和消费后发表的网络评论，供自己决策参考。

（2）可用信息的缺失。当前网络的普及，使得消费者能随时随地搜索大量关于商品的各种信息。然而，这些信息大量重复、真假难辨、冗余无用，信息过载和有用信息不足都是消费者在购买决策阶段搜索信息时遇到的头痛问题。另外，Mark 等（2003）在研究消费者购买礼物时的信息搜索模式时发现，消费者在网络购物环境里搜寻触感信息时的倾向性与其他环境下是有差异的。在线网购搜索触感信息时，由于无法实际触摸，消费者的触感搜索能力不足，只有借助于网络上的商家发布的相关文字、图片、视频等非触感信息进行一定的补充。很明显，这种非直接接触的信息搜索方式和结果，对消费者而言存在着较大的感知风险。因为消费者无法判断这些非触感信息的真实性和可能给当前的购买行为和今后的消费行为带来何种后果。因此，可用信息缺失感越强，消费者就越倾向于搜索其他消费者发表的网络评论信息。

（3）感知认知权威。威尔森（1983）将“认知权威”定义为是指哪些能影响其他人的人，这种权威往往存在于一定范围之内。[1] 其权威的影响力大小依赖于相关人际关系及感知信任的程度，这种认知权威会对其他人对自己行为和决策的适当性的判断产生影响。一般来讲，只有那些被其他人认为是可靠的或可信任的人才拥有这种认知权威。在网络购物环境里，虽然消费者之间互不认识且网络评论的阅读时间（地点）和发表时间（地点）存在着极大差异，但一方面由于原创网络评论信息的个体具有真实的购买和消费经历且与商家无关联，因此相比商家和无购买及消费经历的其他人而言，他们发表的网络评论信息对潜在消费者来说是可靠或值得信任的，具备一定的“认知权威”特点；另一方面，还有那些经常购买并发表网络评论的消费者，逐步成为网络购物环境里的意见领袖，拥有一定公众人物的身份特点，他们为了维护自己在虚拟环境里的形象和身份，往往也会发布较高质量的网络评论信息，消费者也会将其奉为“认知权威”，从而搜索和阅读其发表的网络评论信息。

（4）感知经济。信息经济学告诉我们，信息是有价值的，人们在做出决策前搜索信息可减少决策风险，提高决策效率，进而提升经济效益。然而，经济学的理性行为假设又告诉我们，由于消费者个体在特定条件下，其时间、精力等资源是有限的，此时消费者会在上述有限资源的约束条件下寻求自身经济效益最大化的决策行为。在网络购物环境下，面对海量的

---

[1] 转引自：乔欢．信息行为学［M］．北京：北京师范大学出版社，2010: 80

商品信息，消费者不会漫无目标地进行海搜，人们进行理性分析后，会对相关信息进行筛选，从而挑选可靠度或可信度和有用性均较高的网络评论信息作为决策参考的信息源。人们将这种行为看作是成本最低、质量最高的信息搜索行为。

【本章小结】：本章讨论了消费者在线发表和搜索网络评论的动机和影响因素，其中消费者在线原创发表网络评论的动机主要有情感分享、支持平台/商家、惩罚平台/商家、经济回报、信息回报、提升消费质量和卷入度这7种。而消费者在线搜索网络评论的动机则主要有两类观点：一种观点认为消费者在线搜索网络评论的动机主要有5种，即购物热情、认知需求、持续性涉入、知觉收益和知觉成本；另一种观点则认为主要有4种动机，即信息不对称、可用信息的缺失、感知认知权威和感知经济。讨论消费者在线发表和搜索网络评论的动机，有利于网站和相关企业引导消费者发布更多的网络评论，以及方便、快捷地向消费者提供网络评论信息。

第5章 网络评论对消费者的影响

看太多评论，突然不会网购了

当“光棍节”变成“购物节”，每年这段时间的基本节奏就是选商品——抢购——收快递——退货。当我还没练就一身“淘货”本领时，退货这一步是经常要做的。从三年前“抢购800多块的东西退得只剩一件80多的T恤”到现在可以快速分辨出东西值不值得买，这中间必经的一步就是看评论。

光看店家的信誉和好评率是远远不够的，如果真的看中了一样东西，有时候需要看上好几页的好评和差评，因为越是排在后面的评论往往越是真实买家的感受。他们会告知你衣服是偏大还是偏小、掉不掉色，甚至会晒出自己穿上时的照片。

但是，问题也出现了。我曾经花了3个多小时看一家店的衣服，本来挑好了几件，后来因为一个人的评论，最终放弃购买。结果隔壁宿舍的姑娘买来后发现都很好，跟那条差评描述的并不一样。当然也有这种情况，在看了一堆评论花了很长时间后，觉得不买对不起浪费的时间，于是抱着侥幸的心理，结果收到快递的当天就又退了回去。

所以，到底看不看评论，怎么看评论这个问题让我纠结了好久。后来出现了按好评、销量等个各种因素排序的排行榜，也有了一些个性化推荐。然而，先不说这里面是否有刷榜的嫌疑，鉴于适合大众的也不一定适合自己，那么单条的评论就还有必要去研究。

（资料来源：摘自：高晨，《看太多评论，突然不会网购了》，http://www.ifanr.com/468941?utm_source=rss&utm_medium=rss&utm_campaign=，2014年11月14日）

当前，搜索和阅读网络评论已成为消费者网购的必备功课，从上述引例可看出，网络评论对潜在消费者的影响很大。那么，网络评论对消费者到底有哪些影响？现有的研究表明，网络评论对消费者的影响十分深远和广泛，本章将主要从网络评论对消费者购买意愿和消费者对网络评论寄宿网站品牌的电子忠诚度这两个方面的影响进行阐述，至于其他方面的影响，比如对消费者信任的影响，放在后面的章节讨论。

一、对消费者购买意愿的影响

消费者在网络环境下购物时，为减少风险，提高信息搜索质量，会优先查阅与商品相关的网络评论信息。消费者阅读大量的网络评论信息后，必然会被其影响，接受其中的某种观点，形成或放弃对该商品的购买意愿。因此，在网络购物环境中，网络评论一直被认为是影响网络购物意愿的关键因素。现有研究多探索网络评论的特征和维度如何对消费者购买意愿产生影响，在总结前人研究成果的基础上，归纳出网络评论在以下几个方面对消费者购买意愿的影响：

（一）网络评论者资信度的影响

网络评论发表者的资信度，是指网络评论原创发表者在线上或线下在该商品领域的资深程度、信誉等级和名声威望，它能在一定程度上反映出原创发表者的专业特长和技能。王远怀等（2013）在考察网络评论如何影响网络购物意愿时，经过实证研究发现，网络评论发表者的资信度越高，对网络购物消费者购买意愿的影响也越大。这可能是由于这些网络评论的原创发表者拥有较一般人更为丰富的商品知识、消费技能，并经常在各种网站（如电商平台、品牌商家网站和第三方评论平台）发表各种网络评论信息（陈明亮，2009），因而得到其他消费者的信任和认可。

因此，网站可尝试着力挖掘和培养那些发布高质量、高有用性和高可靠性网络评论的消费者，将其打造为网站“知名公众人物”——意见领袖，借其影响力来提升网站的知名度和影响力。

（二）网络评论质量的影响

网络评论的质量维度是指网络评论内容给阅读者在真实性、有用性或可靠性等方面的感知。网络评论质量高低，是由阅读人主观感知而定，但一般来说，高质量的网络评论的表现为内容客观，描述详尽，证据充分，逻辑性强；反之，低质量的网络评论内容主观，描述抽象，缺乏证据，逻辑松散。王远怀等（2013）发现网络评论质量显著地正向影响消费者的购买意愿。这是因为消费者对高质量的网络评论的真实性、有用性和可靠性等方面的感知均显著高于低质量的网络评论，因而其对消费者购买意愿的影响力也更加强烈（Petty 和 Cacioppo，1984）。

另外，从认知心理学角度来讲，正是由于高质量的网络评论具备描述详尽，证据充分，逻辑性强等特征，从而使得高质量的网络评论更容易刺激消费者的知觉敏感度，进而使其心理距离感缩短；而心理距离又是网络评论与购买意愿的中介变量，因此网络评论的质量越高，潜在消费者的心理距离感越近，其购买意愿也就越强（周梅华等，2015）。

最后，网络评论的质量对消费者购买意愿的影响受产品类型的调节影响（周梅华等，2015）。

依据消费者对商品或服务的信息取得和质量鉴别的难易度，商品或服务可划分为信任型和非信任型两种。所谓信任型产品是指消费者难以获得，难以评价其质量的产品；非信任型产品则指消费者对其获取和进行质量评价均较为容易的产品。很明显，对于信任型产品，消费者在前期进行信息搜索时，会投入更多的时间和精力去阅读信息，即仔细阅读高质量的网络评论；然而，高质量的网络评论因其过于细致详尽，往往会导致信息过载，形成抽象化的认知和记忆，进而引发高水平的解释，最终使潜在消费者产生较远的心理距离，从而减弱其购买意愿。而对于非信任型产品，情况则相反，消费者只会较快阅读高质量的网络评论，形成具体的兼具一定深度的记忆，引发的是低水平的解释，促使潜在消费者产生较近的心理跨度，从而增强其购买意愿。因此，高质量的网络评论对非信任型产品的购买意愿影响更为显著。

因此，网站和企业必须重视消费者发表的网络评论的质量。具体而言，（1）要鼓励和引导消费者发表详尽、证据充分的网络评论，提升网络评论的质量。（2）要对不同类型产品实施分类管理，对于非信任型产品，由于消费者对网络评论质量要求更高，因此要将高质量的网络评论置顶，供其参考；而对信任型产品，由于消费者会广泛搜集各种网络评论，因此，应将不同类型人群发表的网络评论简要列出，供其参考。

（三）网络评论数量的影响

网络评论的数量，即某特定商品或服务被消费者评价的次数。由于这个指标容易量化且简单，说服力又强，因此所有的电商平台和品牌商家的官网都会给出特定商品或服务被评价的次数。网络评论的数量越多，象征着该商品被关注的程度越高，越容易影响消费者对该商品流行性的评价，也向潜在消费者表明可以获得更多的参考信息。另外，对于东方群体文化环境中的消费者而言，评价的人越多，即买的人越多，很容易产生从众心理，进而越容易正向影响其购买意愿。因此，网络评论的数量越多，消费者的购买意愿可能越强烈（Park 和 Lee 等，2007；王远怀等，2013）。

由此可见，引导和激励消费者及时、大量发表网络评论对网站和企业而言意义重大。

（四）网络评论时效的影响

网络评论时效是指网络评论发布距离被阅读时间的远近。它可以从两个方面向阅读者提供信息线索：（1）表明被评论商品或服务流行或受关注的持续强度。从这个角度来讲，网络评论距离越远，就表明该商品或服务的流行程度越强。当然，这个意义的网络评论时效对消费者购买意愿的影响，还需要结合最远到最近的网络评论之间的数量的分布情况进行综合分析。如果最远和最近网络评论之间不仅距离较远，而且之间的网络评论数量分布也越多越均匀，那么其对潜在消费者购买意愿的影响也越大。（2）反映信息内容的新旧程度。一般来说，网络评论时效性越强，即越近的网络评论，包含的商品信息越接近于最新情况，潜在消费者的感知有用性也就越强，从而越能增强消费者的购买意愿。

因此，网站和企业必须激励消费者多发表网络评论，以提高网站网络评论的时效性，提升消费者的购买意愿。

（五）网络评论表现形式的影响

现实中，网络评论主要表现为三种形式：文字、评分（或评星级）和图片。其中，文字和评分是网络评论表现的最主要的两种形式，图片一般作为文字的补充说明（见图 5–1）。

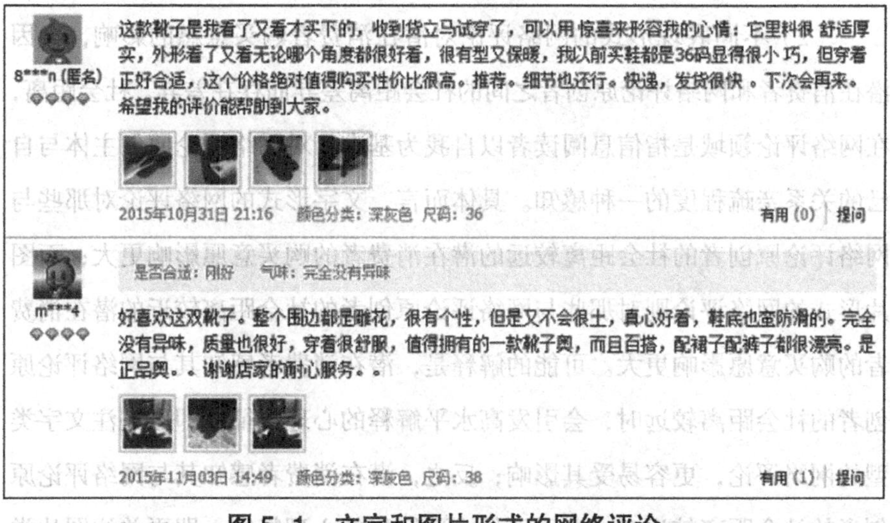

图 5–1 文字和图片形式的网络评论

首先讨论文字和图片两种不种形式的网络评论对消费者购买意愿的影响差异。

杨颖和朱毅（2014）基于解释水平理论设计了两个实验，探讨了文字和图片两种不同表现形式的网络评论在不同时间距离和社会距离情境下，对酒店产品消费者消费态度的影响。实验结果表明：

（1）文字和图片两种形式的网络评论，对不同购买时间的消费者的购买态度和意愿的影响存在差异。具体而言，文字表现形式的网络评论对拟远期购买的消费者的购买态度和意愿影响更大；而图片形式的网络评论对拟近期购买的消费者态度和意愿影响更大。这是因为文字表现形式的网络评论更为抽象、核心、去背景化，与高水平解释相关；而图片形式的网络评论“有图有真相”，保留了商品原始特征，内容更为具象、背景化，体现了低水平解释特征。基于解释水平理论，拟远期购买的消费者，更关注该商品或服务的核心和本质特征，从而引发高水平解释心理特征，因此文字表现形式的网络评论对其购买态度和意愿的影响更大；而拟近期购买的消费者，则会留意商品或服务的细节，激发的是低水平解释心理特征，因此图片形式的网络评论对其购买态度和意愿的影响更大。

（2）不同表现形式的网络评论对潜在消费者购买意愿的影响，会因潜在消费者和网络评论原创者之间的社会距离差异而存在差异。社会距离，在网络评论领域是指信息阅读者以自我为基准，对网络评论原创主体与自己的关系亲疏程度的一种感知。具体而言，文字形式的网络评论对那些与网络评论原创者的社会距离较远的潜在消费者的购买意愿影响更大；而图片形式的网络评论则对那些与网络评论原创者的社会距离较近的潜在消费者的购买意愿影响更大。可能的解释是，潜在消费者感知其与网络评论原创者的社会距离较远时，会引发高水平解释的心理特征，即更关注文字类型的网络评论，更容易受其影响；反之，潜在消费者感知其与网络评论原创者的社会距离较近时，会引发低水平解释的心理特征，即更关注图片类型的网络评论，购买态度和意愿更容易受其影响。

接下来，分析文字和评分（或评星级）（见图5-2）这两种不同形式的网络评论对消费者购买意愿的影响。

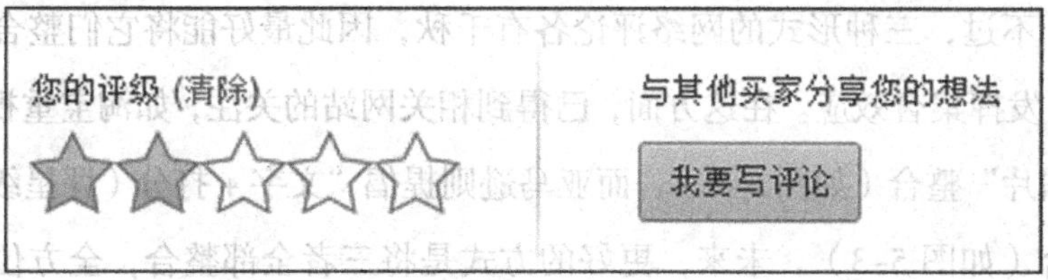

图 5–2　打分（或评星级）形式的网络评论

Chevalier 和 Mayzlin（2006）研究 Amazon.com 和 Barnesandnoble.com 两大网站的图书销量和网络评论的关系时，发现尽管文字形式的网络评论和评分（或评星级）形式的网络评论对潜在消费者的购买意愿均有显著的影响，但前者的影响显著高于后者。可能的原因是，（1）文字形式的网络评论内容更为详尽，不仅能给出态度和情感倾向，还对它们的生成原因和表现均有描述和说明；而评分（或评星级）仅仅只是给出了最终的态度，阅读者无法探知其原因，因而大大降低了对其的感知有用性。（2）文字形式的网络评论可描述具体的消费和体验细节，提供更复杂的情感，因而更能得到阅读者的共鸣和心流体验；而数字或星级无法表达更多的细节，也无法和阅读者进行文字交流，因此其对消费者的购买意愿影响力自然不如文字形式的网络评论。然而，评分（或评星级）形式的网络评论也有自己的优势，那就是简洁明了，消费者的态度一目了然；而文字形式的网络评论则需要读者自己去理解和判断。因此，许多电商平台和品牌商家网站往往将二者结合起来（如图 5–3）。

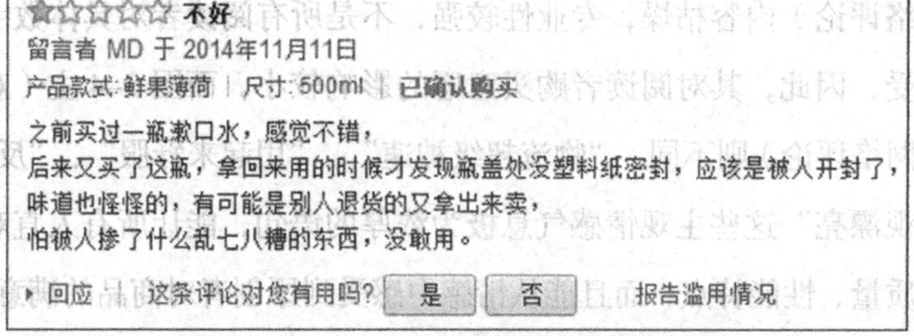

图 5–3　文字和打分结合的网络评论

综上所述，以上三种形式的网络评论中，文本形式的网络评论是最重要的。不过，三种形式的网络评论各有千秋，因此最好能将它们整合起来使用，发挥集合效应。在这方面，已得到相关网站的关注，如淘宝重视“文字＋图片”整合（如图 5–1），而亚马逊则提倡“文字＋打分（评星级）”的结合（如图 5–3）。未来，更好的方式是将三者全部整合，全方位刺激并提升消费者的购买意愿。

（六）网络评论情感倾向的影响

网络评论情感倾向有两种分法，一是情感的正负性；二是情感的主客观性（见图 5–4、5–5）。前者的影响将在后面的章节进行分析，此处主要分析情感的主客观性对消费者购买意愿的影响。

潘明暘（2011）在考察不同来源的在线产品评论对潜在消费者的影响时，发现由消费者原创的网络评论的主观性越强，就越能吸引其他潜在消费者对网络评论所涉及商品的关注。而这种关注度越高，潜在消费者的购买意愿也就越强。可能的原因有三个，一是客观性太强的网络评论缺乏亲近感，潜在消费者不愿阅读；二是主观性越强，情感越强烈，表明网络评论发表人的产品和消费卷入度越高，其发表的网络评论内容越全面、可靠度越高，故其对购买意愿的影响力自然也越大；三是客观性越强的网络评论，专业性也越强，对一般消费者而言，由于对产品知识不熟悉，阅读起来较为吃力，因而降低了其影响力。例如，对比图 5–4（主观情感倾向的网络评论）和图 5–5（客观情感倾向的网络评论），图 5–5（客观情感倾向的网络评论）内容枯燥，专业性较强，不是所有阅读者对具体数字有直观的感受，因此，其对阅读者购买意愿的影响较小。而图 5–4 主（观情感倾向的网络评论）则不同，“物流超级神速”、“用起来舒服”、“反应快”和“外观漂亮”这些主观情感气息极为浓厚的语句，能让所有人直观感受到商品质量、性能特点，而且能从情感中感受到原创者对商品的满意程度，因此这种主观情感倾向的网络评论可读性更强，对消费者购买意愿影响自然也更大。

因此，对网站和企业而言，可以通过各种奖励或激励机制鼓励消费者发表主观性更强的网络评论。

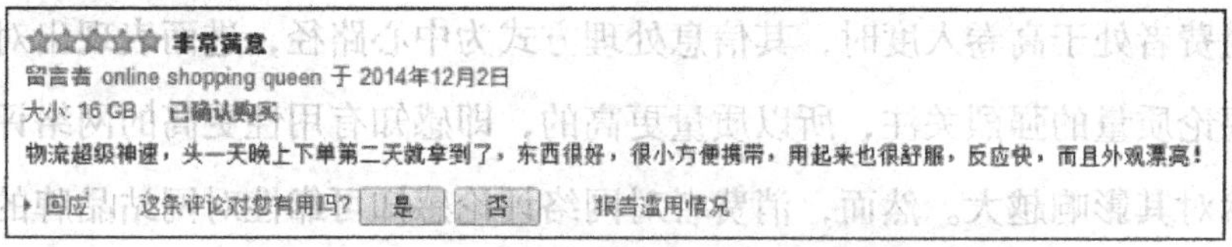

图 5–4 主观情感倾向的网络评论

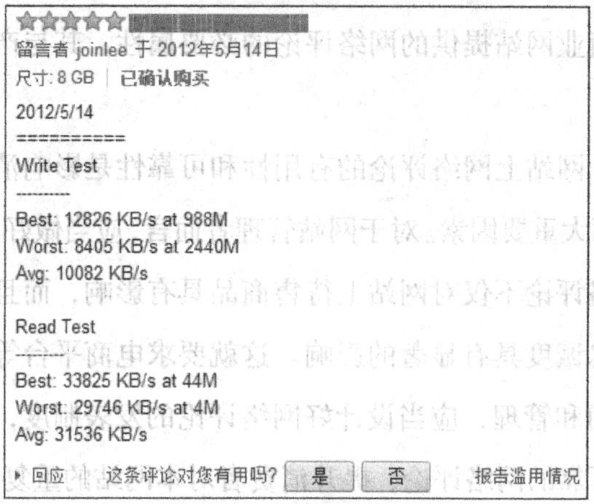

图 5–5 客观情感倾向的网络评论

二、对消费者的网站品牌忠诚的影响

无论是第三方电商平台网站还是品牌商家的官方网站，流量是网站生存和发展的最关键问题。因此，如何吸引、留住潜在的消费者，成为各商业网站营销的中心任务。影响商业网站电子忠诚的因素众多，其中，网站上消费者原创并发布的网络评论也是重要因素之一。

钟帅等（2015）以技术采纳模型 (TAM) 和精细加工可能性模型 (ELM) 为理论基础，采用实验法考察网络评论感知和产品卷入度对商业网站品牌的电子忠诚影响时，发现消费者对网络评论感知有用性和感知可靠性越高的商业网站，其持续使用意愿越强，进而其对该网站品牌的电子忠诚度也越高。但是，网络评论的感知有用性的影响受到消费者产品卷入度的调节，即当消费者处于产品的高卷入度时，网络评论的感知有用性对网站品牌电子忠诚度的影响要显著高于消费者处于产品低卷入度的情境。这是因为，当消费者处于高卷入度时，其信息处理方式为中心路径，进而表现出对网络评论质量的强烈关注，所以质量更高的，即感知有用性更高的网络评论自然对其影响越大。然而，消费者对网络评论感知可靠性对网站品牌的电子忠诚度并不受产品卷入度高低的影响。可能的原因是网络评论的可靠性被消费者视为商业网站提供的网络评论的必要属性，其与产品卷入度的高低并无关系。

综上所述，网站上网络评论的有用性和可靠性是影响消费者对网站品牌电子忠诚的两大重要因素。对于网站管理者而言，应当做好以下管理工作：

第一，网络评论不仅对网站上待售商品具有影响，而且还对消费者的网站品牌电子忠诚度具有显著的影响。这就要求电商平台等网站不要忽视网络评论的作用和管理，应当设计好网络评论的发表制度，引导消费者发布更为有用和可靠的网络评论，提升消费者对本网站的重复访问率。比如，可以对网络评论进行有用性投票，并以有用性作为网络评论呈现的排列标准；同时，对有用性投票高的网络评论进行分析，找出其规律，并按其模式预先设置网络评论发表格式，引导消费者发表类似的网络评论；另外，要杜绝那些“刷好评”、“好评返现”等容易引发消费者不信任的不正当竞争行为。

第二，由于网络评论感知有用性的影响效应受卷入度高低的调节，因此网站管理方要特别关注高卷入度产品类别的有用性感知。而在网络评论可靠度方面，无论卷入度如何，均应加强管理。

第三，实施激励机制。网站可对发表较高有用性和可靠性网络评论的消费者实施奖励，这种奖励可以是物质方面的，如给予价格抵扣券或电子现金；也可以是精神方面的，如给予其高等级；抑或物质和精神奖励同时实施。

【本章小结】：网络评论对消费者的影响是多方面的，限于篇幅和本书结构的安排，本章只讨论了网络评论对消费者购买意愿和消费者的网站品牌电子忠诚度这两个方面的影响（见图 5-6、6-7）。前者的探讨对零售商有着更为重要的实践意义，而后者则对网站管理方，尤其是如淘宝、京东、苏宁等电商平台而言，意义更为凸显。

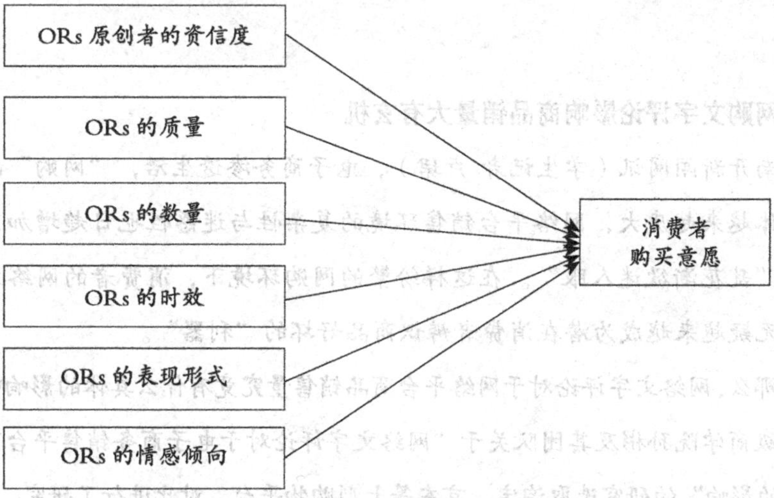

图 5-6　网络评论对消费者购买意愿的影响

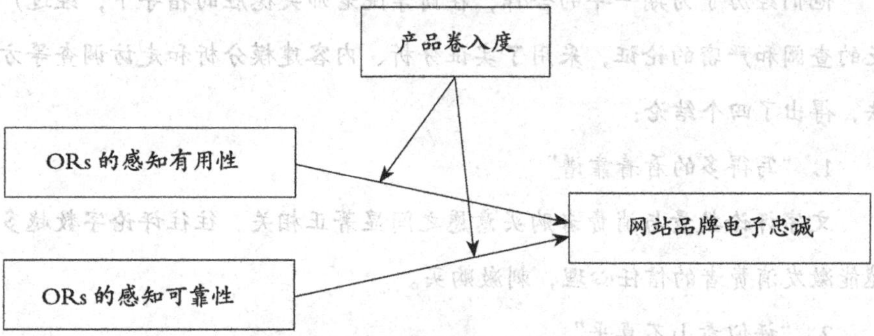

图 5-7　网络评论对消费者的网站品牌电子忠诚的影响

资料来源：基于钟帅等（2015）整理

第6章 网络评论对企业的影响

网购文字评论影响商品销量大有玄机

南开新闻网讯（学生记者 卢珺），电子商务渗透生活，“网购”的消费群体越来越庞大，网络平台销售环境的复杂性与迷惑性也日趋增加，可谓是“乱花渐欲迷人眼”。在这样纷繁的网购环境下，消费者的网络文字评论无疑越来越成为潜在消费者辨识商品好坏的“利器”。

那么，网络文字评论对于网络平台商品销售量究竟有什么具体的影响呢？2011级商学院孙彬及其团队关于“网络文字评论对于电子商务销售平台商品销量的影响”的研究选取淘宝、京东等大型购物平台，对此进行了研究。

他们经历了为期一年的合作，在商学院老师吴德胜的指导下，经过广泛的查阅和严密的论证，采用了实证分析、内容建模分析和走访调查等方法，得出了四个结论：

1. “写得多的看着靠谱”

文字评论数量与消费者购买意愿之间显著正相关。往往评论字数越多越能激发消费者的信任心理，刺激购买。

2. “评似看山不喜平”

文字评论强度有显著的正向影响。如果语言平平，不会给消费者留下太深的印象，而如果语言激烈，情绪饱满则更容易产生影响。正面评论越激烈越能刺激消费者购买，而负面评论越激烈则越会削弱购买欲望。

3. “千好不敌一坏”

文字评论情感倾向对购买意愿呈负相关影响，即负面评价对消费者购买意愿的影响大于正面评价对消费者购买意愿的影响。

4. “三头六臂，哪招制敌？”

不同的负面评论要素对消费者购买意愿的影响程度是不同的。可以分为商品评论、店主评论、物流评论三大类，又可细分为商品质量差、商品与描述不一致等 13 个方面。其中，“店主不讲信用”、“店主服务态度差”和“物流服务态度差”对购买意愿影响最大。

孙彬说：“随着经济和社会的发展，人们的自我意识越来越强烈，维护自尊和自我保护的意识在购买商品的过程中体现得很明显。而我们的专业导师恰好就是从事电子商务方面研究的，他既给了我们选题的灵感，又在过程中助力不少。”

（资料来源：南开新闻网，http://news.nankai.edu.cn/qqxy/system/2014/05/03/000179596.shtml,2015-11-23）

消费者在网购时搜索并阅读网络评论，这种信息搜索行为的影响不仅止于消费者，而且还会通过对消费者的影响传递到企业层面。比如，如果消费者受网络评论正面推荐效果的影响，或者对网络评论感知有用性和感知可靠度较低，就可能加强或减弱其购买意愿，从而直接影响企业的销售。因此，本章从企业角度探讨网络评论对企业的影响，以期为企业的网上营销提供建议。

一、网络评论对销售的影响

关于网络评论对企业销售的影响，当前研究者们主要试图从网络评论的特征方面去寻找线索。然而，学者们的研究结论并不统一，甚至相互矛盾。

（一）网络评论的数量对企业销售的影响

关于网络评论数量对企业销售的影响，研究者存在着一定的分歧。大多数研究者认为网络评论数量显著正向影响企业销售，少数研究则没有发现这种显著影响。

1. 认为网络评论数量对企业销售无影响的观点

Godes 和 Mayzlin（2004）搜集了 1999—2000 年美国 44 个电视节目，发现其中只有 14 个节目能幸存到 2000—2001 年；大部分电视节目消失极快，还有 4 个电视节目只放映了两期就消失了。于是他们开始探讨网络评论与这些电视节目生存与消失之间的关系，研究结果显示，网络评论的数量并没有显著影响电视节目的收视率。

Clemons 等（2006）利用美国啤酒工业销售量的增长率数据来考察网络评论对啤酒销售量的影响，结果发现对销售量有显著影响的并不是网络评论的数量。

2. 认为网络评论数量对企业销售有影响的观点

大多数的研究发现，网络评论数量与企业销售显著正相关。Chen 和 Wu(2004) 以图书在线销售为背景，考察在线推荐和消费者反馈对销售的影响时发现，网络评论的数量和图书在线销售量存在着显著的正相关。Liu(2006) 在研究电影业网络评论对电影票房收入的动态效应和影响时发现，网络评论对票房收入的增长和每周收入具有显著的解释力，这种解释力在电影公映后的几周内尤其强烈；但是研究发现，这种解释力大部分来自网络评论的数量，而不是效价。Dellarocas 等（2007）以美国电影业为例，探讨网络评论对票房收入的预测力，结果发现：早期的网络评论数量可以作为票房收入的代理指标，即企业可以通过网络评论数量来预测票房收入，而且这种预测力不受网络评论情感倾向影响。Duan 等（2008）也以美国电影业为例，探索网络评论对电影收入的动态影响，结果显示：网络评论的效价和票房收入都显著地影响网络评论的数量；相应地，网络评论数量又会产生更高的票房收入。Duan 和 Gu(2008) 仍以电影票房为例，采用面板数据进行分析，发现网络评论内容对票房收入影响并不大，而网络评论的数量对票房收入的影响则是显著的。

我国学者也发现了网络评论数量对企业销售的显著影响。张紫琼（2010）以大众点评网作为数据来源，将餐馆页面受关注度视为商家绩效的代理，建立在线评论与商家绩效的关系模型。经实证分析发现：网络评论的数量和情感倾向对商家绩效均具有显著的正向影响效应；而页面评分和网站编辑的评价则对商家绩效存在负向影响效应。李健（2012）以手机作为实证研究对象，通过回归分析后，发现网络评论数量显著影响手机的销售量。

（二）网络评论情感对销售的影响

关于网络评论情感维度对企业销售的影响，学者的研究结论也存在着较大的分歧。主要有三种观点：

1. 网络评论情感维度对企业销售没有显著的影响

持这种观点的学者较少。如 Chen 等（2004）基于对亚马逊电商平台上书籍的网络评论的分析发现，网络评论的效价（情感维度内容之一）与书籍销量的相关关系并不显著；李健（2012）通过实证分析，发现网络评论情感的正负性对手机销售量没有显著的影响。

2. 网络评论情感维度对企业销售有显著的影响

许多学者发现网络评论的情感对企业销售有显著的影响。如郝媛媛等（2009）发现在线影评的情感倾向对电影票房收入存在显著影响，且这种影响超过在线影评数量的影响。Ye 等（2009）考察网络评论与酒店房间预订量关系时发现，网络评论的正负性和酒店房间的预订量呈现出正相关的关系。Ludwig 等（2013）以消费者转换率替代企业销售指标，研究正负向网络评论对转换率的影响，从而间接考察网络评论情感对企业销售的影响；研究结果显示：网络评论的正面情感对转换率的正向提升效应呈现下降趋势，而负面情感对转换率的负向效应并无这种衰减现象。

另外，还有许多学者深入考察正负面网络评论的影响力大小问题。多数研究者认为正面网络评论正向影响企业销售，负面网络评论负向影响企业销售。但是关于二者对销售的影响力孰大孰小，却存在分歧。Chevalier 和 Mayzlin（2006）、Cui 和 Liu（2010）经过实证研究发现，尽管正负面网络评论都能影响企业的销售，但相对于正面的网络评论，负面网络评论的影响更大。然而，Ye 等 (2011) 考察网络评论对酒店预订影响时发现正面评论影响力更为显著，消费者的评级每增加 10%，在线预订率相应增加 5%；Ögut 和 Tas（2012）在探讨网络评论对酒店销售额和价格影响时发现，旅客评价增加 1%，则伦敦、巴黎的每间客房营业额将分别相应增加 2.62%、2.68%。

此外，少数研究者还发现，无论正负方向如何，网络评论都能提升企业的销售。如 Berger 等（2010）研究发现，正向网络评论提升企业销售额，负向网络评论也具有正向效应，即负向网络评论和正向一样，也能促进企业的销售。研究者认为这是由于评论其实起着一种通知作用，表明产品受关注程度，因此只要有网络评论就能引起其他消费者的注意和兴趣，而不无论其正负方向。

（三）网络评论的时效

李健（2012）通过实证分析，发现网络评论的时效性对手机销售量具有显著的影响，即网络评论的影响力会随着发表时间的久远而下降。换言之，新近发表的网络评论影响力高于早期发表的网络评论。

（四）多属性评价的网络评论的内部方差

多属性评价的网络评论，是指网络评论评价内容包含商品或服务的多个属性，其方差即表示网络评论针对多种属性同时进行评价的结果的差异程度。如图 6-1 所示，该网络评论在评价中涉及“车载 U 盘”的“整体性能”、“发热程度”、“价格”、“写入速度”的四种属性，即该网络评论属于多属性评价的网络评论；而网络评论对不同属性的评价差异程度则构成多属性评价网络评论的内部方差。

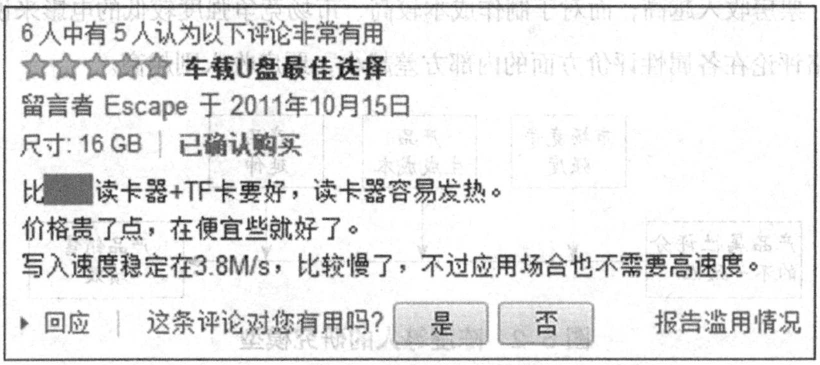

6 人中有 5 人认为以下评论非常有用
车载U盘最佳选择
留言者 Escape 于 2011年10月15日
尺寸: 16 GB | 已确认购买
比[redacted]读卡器+TF卡要好，读卡器容易发热。
价格贵了点，在便宜些就好了。
写入速度稳定在3.8M/s，比较慢了，不过应用场合也不需要高速度。
回应 | 这条评论对您有用吗?
是
否
报告滥用情况

图 6–1　多属性评价的网络评论

为进一步说明多属性评价的网络评论的内部方差的涵义，仍以图 6-1 所涉及的产品为例，将文字评价改为评分形式，并假设整个市场上所有此类产品在四个属性方面评价的平均水平为（5，5，5，5）（每项属性评分满分为 10 分），现有三种产品在此四个属性方面的评价得分为（7，7，5，5）、（6，6，6，6）和（9，5，5，5）。三种产品在四个属性方面的总的得分（均为 24 分）和平均分（均为 6 分）均相同，似乎难分高下。但是，当我们将三种产品在四个属性方面的得分分别减去行业平均水平，就能得到三种产品在各属性上的优势：（2，2，0，0）、（1，1，1，1）和（4，0，0，0）。仔细观察就会发现：第三种产品的网络评论在四个属性方面评价的内部方差最大，第二种产品的网络评论内部方差最小。

那么这种多属性网络评论的方差大小对企业销售是否有影响呢？陈漫等（2015）对此进行了深入研究，研究者选取了 2010 年以来上映的 146 部电影，以每部电影前 4 周的票房收入（因其右偏，故作为对数处理）作为因变量；从 Yahoo 电影论坛选取 75003 条网络评论，然后以故事情节、表演、导演和画面四种属性评价的不一致性作为自变量；以市场竞争强度、生产成本和产品延伸性（如电影续集）作为调节变量，构建理论研究模型（如图 6-2 所示）。最后实证研究结果显示：对于制作成本较低、属于延伸性、市场竞争强度较大的电影而言，网络评论在各属性评价方面的内部方差越大，票房收入越高；而对于制作成本较高、市场竞争强度较低的电影来说，网络评论在各属性评价方面的内部方差越小，票房收入则越高。

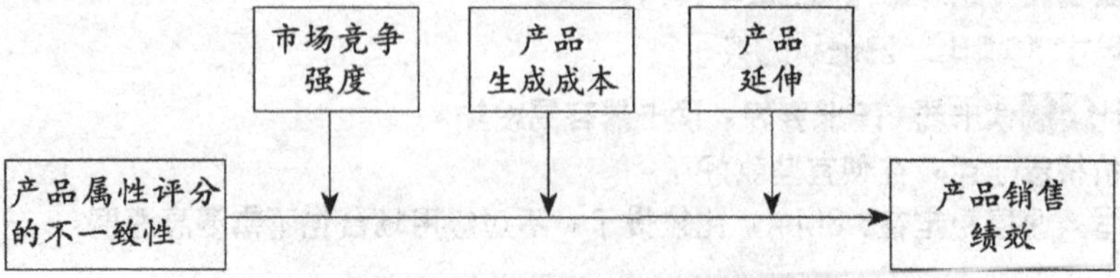

图 6-2　陈漫等人的研究模型

从上述影响企业销售的网络评论特征分析来看，理论界对各特征如何影响销售的结论和观点并不一致，甚至矛盾。对此，郝媛媛等（2009）分析了网络评论的情感倾向对企业销售影响的结论不一致现象产生的原因，虽然郝媛媛的分析只是针对网络评论的情感倾向存在结论不一致的现象，但这些原因同样适用于网络评论的其他特征。郝媛媛认为导致结论不一致的原因主要是研究者在建模时存在以下三个方面的问题：

第一，采集数据类型产生的偏差。先前许多研究者在使用数据时大都以截面数据进行建模，这种处理方法既无法控制被试个体间的差异程度，也无法展示网络评论对企业销售的影响随时间变化的动态效应，从而影响模型对变量间关系的全面和真实的刻画。

第二，事后人工变换产生的偏差。以情感倾向为例，由于有的网络评论情感倾向正负性或极性不明显，有的研究者（如 Liu,2006）事后进行人工标注网络评论的情感倾向。然而，研究者事后人工标注必然和消费者的实际情感倾向存在差异，从而可能使最终的研究结果产生偏差。

第三，模糊的定性处理导致不同的研究结果。仍以情感倾向为例，网络评论可定性处理为好评和差评两种情感倾向类型，这种没有统一的量化标准的分类，同一条网络评论在不同研究者和情境下可能会产生不同的分类结果，从而最终导致研究结果产生差异。

除郝媛媛等人提出的上述三种原因外，可能还存在以下原因：

第一，文化背景影响。以电影业为例，美国学者都以美国电影业为研究对象，美国消费者因文化背景和东方消费者差异显著，其比东方消费者更容易给出差评和表露真实态度和情感；而东方消费者则较为含蓄和中庸，习惯性地给好评的消费者较多，因此文化因素也可能会影响国内外学者在研究网络评论情感倾向对销售影响时的结果。

第二，存在调节因素。从陈漫（2015）等人的研究结果可看出，网络评论特征对消费者和企业销售的影响存在着较多的调节因素。以产品为例，依据能否在购买前获得产品质量的客观评价的程度，可将产品分为搜索型产品和体验型产品。其中，前者是指那些主要属性的质量水平可借助搜索来的信息进行购前客观评价，即在购买前消费者就可以对其质量水平加以判断的产品，如电脑和手机；后者则是指那些在消费前很难得到相关质量信息，即使搜索到相关信息也很难判断其质量水平，更多需要依赖消费者自己的感官意识去进行主观的评价和比较的产品，如餐饮和化妆。李宗伟和张艳辉（2013）研究发现搜索型产品的主动评论率和有效评论率均高于体验型产品，而体验型产品的个性化评论率则显著高于搜索型产品。因此，不同类型的产品，其网络评论表现出不同的特征，对消费者产生不同的影响，进而对企业销售产生不同的影响就不足为奇了。然而，当前的研究极少关注相关调节因素的影响。

二、网络评论对定价的影响

（一）网络评论引发消费转换对定价的影响

Li 等（2010）研究在重复购买背景下，网络评论对企业定价策略的影响。一方面网络评论能减少消费者对产品特性的不确定性，从而有可能增加产品的需求和提升企业的利润；另一方面，在重复购买环境下，消费者对已购产品较为熟悉，此时网络评论可能会改变消费者的消费倾向，而在多个竞争品中进行轮换购买。为了应对这种消费改变，企业就会通过定价策略，即利用价格优势来抵御网络评论带来的影响。这种定价策略的变化将加剧产品间价格竞争的激烈程度，进而减少企业的利润。因此，总的来说，网络评论存在着正向效应和负向效应，二者影响力的对决胜负取决于网络评论的忠实度，包括网络评论的客观性和准确性以及消费者从网络评论中获取信息的能力。

（二）网络评论经由认知价值对定价的影响

网络评论的出现不仅可以有效帮助消费者在线购买决策，也影响了消费者对在线待售产品的价值认知。例如，一条消费者感知有用的、可靠的正向网络评论，可能会提升消费者对该产品价值的认知；反之，负向网络评论则可能会降低消费者对该产品价值的认知。而这种价值认知的变化，会影响消费者对该产品价格的心理预期和接受范围。因此，网络评论对企业在线产品的定价有一定的影响。

郭恺强等（2014）基于消费者效用理论，构建了网络零售两阶段销售背景下与网络评论相关的在线产品定价模型。该模型将网络评论的好评率作为内生变量，而将网络评论数量作为外生变量，探讨网络评论对在线产品最优定价的影响。研究中的两阶段销售背景是指：第一阶段，网络零售商将产品定价为 p1，潜在消费者将自身对该产品的认知价值与 p1 进行比较，做出购买决策；第二阶段，引入网络评论，即网络零售商根据第一阶段的销售情况，将价格调整为 p2，潜在消费者则根据第一阶段中购买该产品的用户发表的网络评论和 p2 进行购买决策。通过数值模拟运算和分析，结果发现网络评论数量越多，那么第一阶段在线产品的最优价格就越低，而第二阶段在线产品的最优价格越高，同时商家的总利润也越大；第一阶段潜在消费者对在线产品价值的心理预期越大，那么第一阶段在线产品的最优价格越高，而第二阶段在线产品的最优价格则越低。另外，当网络评论数量较少时，商家的总利润会随第一阶段消费者对在线产品价值的预期增加而增加；反之，商家的总利润会随第一阶段消费者对在线产品价值的预期增加而减少。

刘洋等（2014）基于消费者风险厌恶程度和网络评论数量，探讨了网络评论特征对类似 App Store 软件平台提供商和软件开发者定价的影响。通过公式推导，结果显示，网络评论情感倾向为正面时，软件市场的产品需求、最优价格和最优利润随网络评论数量的增加而增加；当网络评论情感倾向为负面时，软件市场的产品需求、最优价格和最优利润随网络评论数量的增加而减少。软件产品的最优质量则不受网络评论情感倾向的影响，即始终随网络评论数量的增大而增大；软件平台提供商给予软件开发者的最优收益分成比例随软件产品的开发成本系数增大而变小，随网络评论数量的增加而增加，因此可借助此方法鼓励软件产品的开发者主动向平台提供商提供高质量的软件产品。如果开发者提供的软件质量极高，那么平台提供商则可以采用最优收益分成比例为 1 的“免费”定价策略来引导高质量软件产品的投放；反之，若开发者提供的软件产品质量过低，则平台提供商可采用极端的“0 分成”比例的定价策略筛掉低质量的软件。

三、网络评论对营销策略设计的影响

消费者在线原创发表网络评论信息，一方面给其他消费者的购买决策带来信息参考，另一方面也给企业收集消费者的信息带来机会，为企业设计和修订营销策略提供参考信息。陈泓洁（2013）以携程网的网络评论为研究对象，基于对网络评论特征的分析，提出了依据网络评论的客户信息获取模型。

陈泓洁（2013）首先将携程网网络评论信息分为两大部分：基本信息和评论信息（见图 6–3）。其中，基本信息包括客户入住时间、类型和客房类型；评论信息则包括客户的评分情况、评论文字、是否推荐和点评关键字。图 6–4、6–5、6–6 和 6–7 分别为当前携程网最新评价系统，[1] 大体上可以看出网络评论在基本信息和客户评论两方面的内容特征。以图 6–4 为例，其基本信息分别为：客户入住时间是“2015 年 6 月”；客户类型为“独自旅行”；客房类型为“特惠商务双人间”。评论信息分别为：评分为“4.0 分”；评论文字为“交通方便，地铁 ... 还会入住的”；是否推荐为“值得推荐”（由携程网根据用户推荐意愿将网络评论划入“值得推荐”和“有待改善”两类）；点评关键字，目前已改为搜索点评关键字（见图 6–7），网络评论内容中也没有体现。

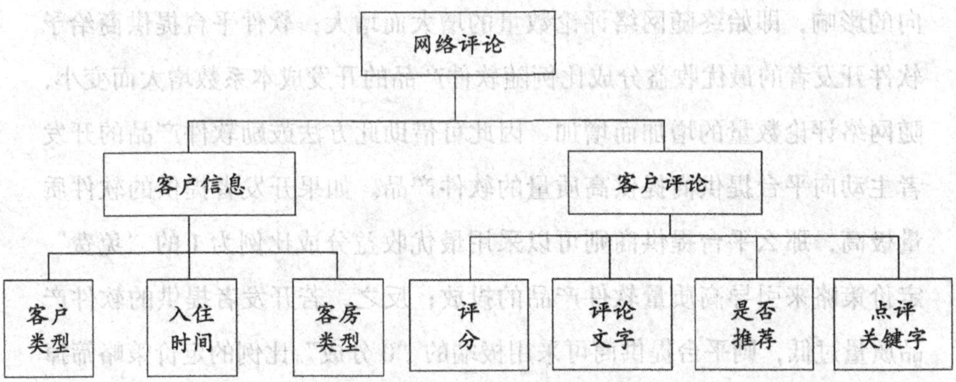

图 6–3 网络评论的结构分析

资料来源：陈泓洁，2013

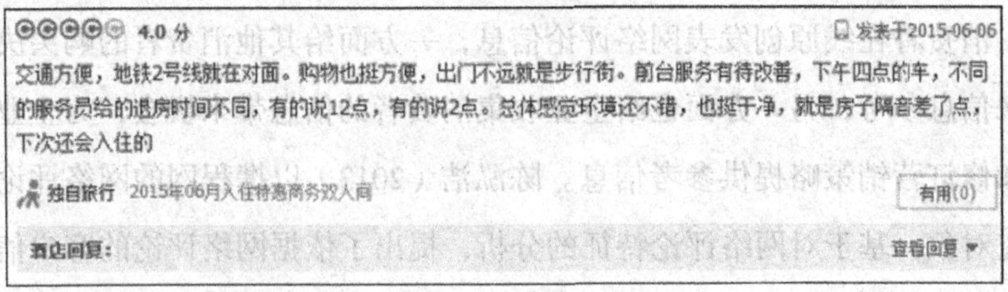

图 6–4 携程网酒店网络评论（一）

[1] 2015 年携程网网络评论评价系统和 2013 年研究者分析时有些差别，主要体现在两个方面：（1）“是否推荐”在 ORs 内容里没有体现，而是由携程网根据用户推荐意愿将 ORs 分类为“值得推荐”和“有待改善”；（2）“点评关键字”，目前携程网也已将其改为“搜索关键字”。

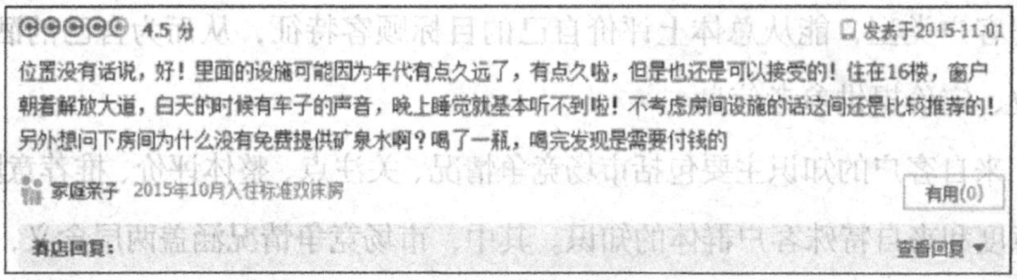

图 6–5　携程网酒店网络评论（二）

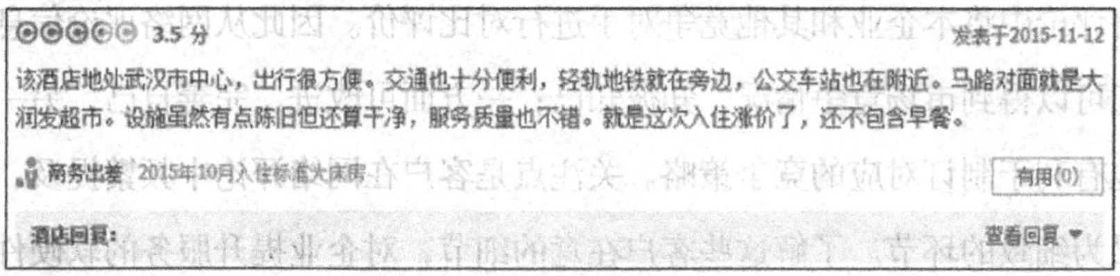

图 6–6　携程网酒店网络评论（三）

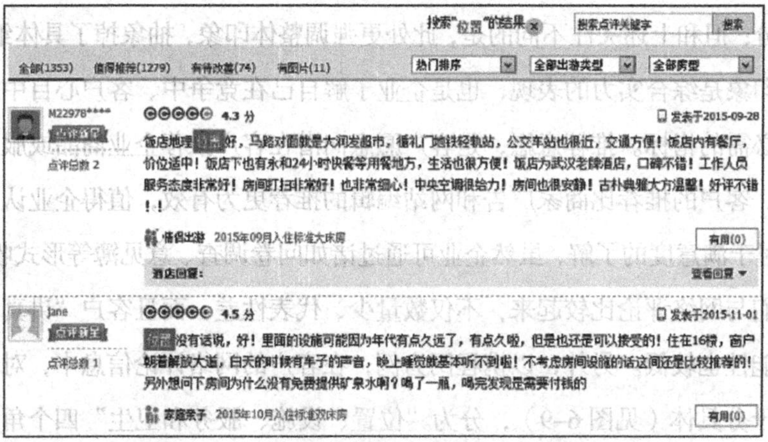

图 6–7　携程网酒店网络评论（四）

基于对网络评论的结构分析，陈泓洁（2013）提出了客户知识获取模型（见图 6–8）。通过该模型可获取客户两大类知识：关于客户的知识和来自客户的知识。

关于客户的知识主要包括客户的消费习惯和客户类型。其中消费习惯被定义为客户消费的时间、频率及客房类型，这些内容都可从客户网络评论信息中获取。从客户的消费习惯知识，商家可以提供更好的预订服务质量以及个性化的服务。客户类型，则根据各企业自己的分类标准进行划分。

掌握客户类型，能从总体上评价自己的目标顾客特征，从而为自己的酒店定位、定价提供参考信息。

来自客户的知识主要包括市场竞争情况、关注点、整体评价、推荐意愿、满意度和来自特殊客户群体的知识。其中，市场竞争情况涵盖两层含义，一是企业可以从网站平台上获取客户对竞争对手的评价信息；二是有些客户在网络评论中将本企业和其他竞争对手进行对比评价。因此从网络评论信息里我们可以得到市场竞争情况，知彼知己；一方面可改进、完善自己，另一方面也有利于制订对应的竞争策略。关注点是客户在网络评论中频繁提及、刻画最为细致的环节。了解这些客户在意的细节，对企业提升服务的软硬件方面具有重要的意义。整体评价，是指客户对企业宏观上的态度，也是关注的一部分；但和上述关注不同的是，此处更强调整体印象，抽象掉了具体细节。整体印象是综合实力的表现，也是企业了解自己在竞争中、客户心目中的位置所必需的指标。推荐意愿，是客户愿意向潜在客户推荐企业商品或服务的意愿。客户的推荐比商家广告和网站编辑的推荐更为有效，值得企业认真对待。对于满意度的了解，虽然企业可通过诸如问卷调查、意见簿等形式收集，但它们与网络评论比较起来，不仅数量少、代表性差，而且客户“讲真话”的可能性也较低。另外，以携程网为例，在客户的网络评论信息中，对于满意度十分具体（见图 6–9），分为“位置、设施、服务和卫生”四个角度，了解更为全面和具体。来自特殊客户群体的知识，主要包括两类特殊客户群体：一是帮人预订的客户；二是高评分但不推荐的客户。帮人预订的客户，虽然自身并没有直接消费，但此类人群很可能属于长期接待客人、帮客人预订的客户，他们很容易得到委托者的反馈，因此他们的评论影响力更大，重要性不言而喻。另一类高评分但不推荐的客户，一般属于第一次消费的新人，他们在第一次消费后，尽管给予了高分，表现了较高的满意度，但可能由于某些服务的缺陷而降低了其再消费的意愿，从而不愿推荐。因此，企业要通过调查和反馈，搞清原因，提升服务质量。

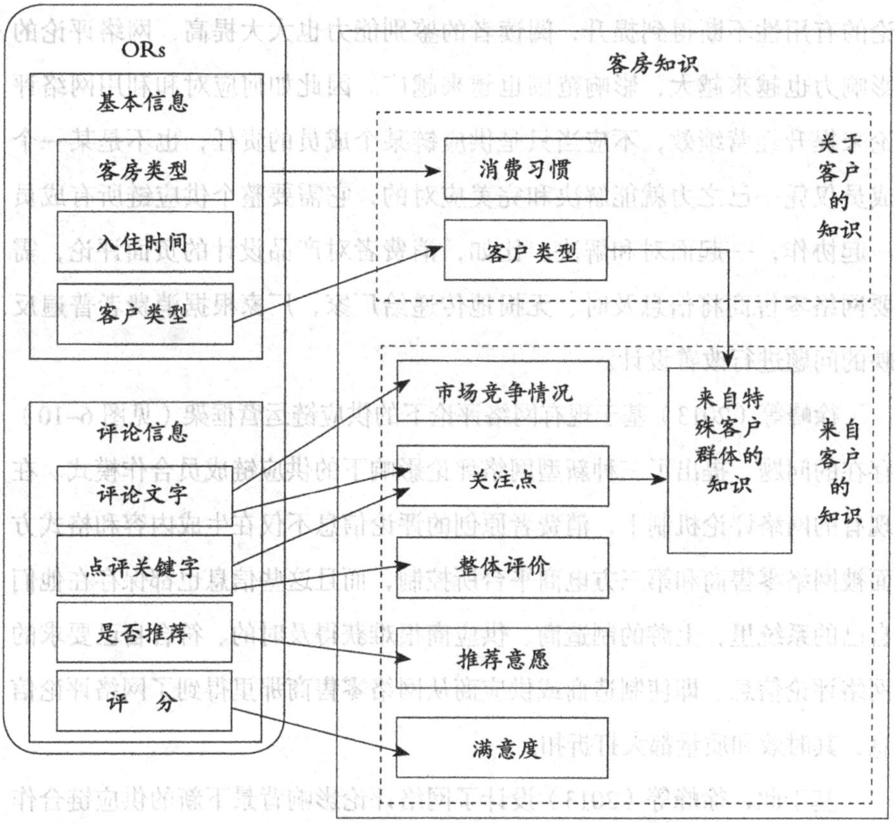

图 6-8　基于网络评论的客户知识获取模型

资料来源：陈泓洁，2013

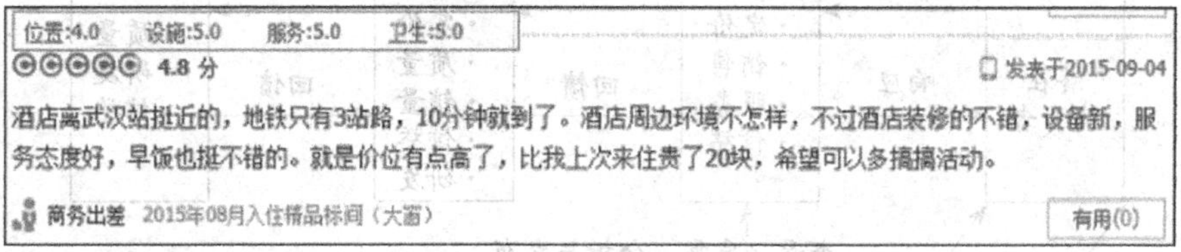

图 6-9　携程网酒店网络评论（五）

四、网络评论对供应链合作模式的影响

许多研究将网络评论对企业的影响局限在供应链某个成员之上，然而随着电子商务持续发展，网购已成为人们日常生活的重要方式，消费者在不断的网购中逐渐完善自己的适应能力和学习能力。同时，网络评

论的有用性不断得到提升，阅读者的鉴别能力也大大提高，网络评论的影响力也越来越大，影响范围也越来越广。因此如何应对和利用网络评论来提升经营绩效，不应当只是供应链某个成员的责任，也不是某一个成员仅凭一己之力就能解决和完美应对的，它需要整个供应链所有成员一起协作，一起面对和解决。比如，消费者对产品设计的负面评论，需要网络零售商将信息及时、无损地传递给厂家，厂家根据消费者普遍反映的问题进行改善设计。

徐峰等（2013）基于现有网络评论下的供应链运营框架（见图 6–10）存在的问题，提出了三种新型网络评论影响下的供应链成员合作模式。在现有的网络评论机制下，消费者原创的评论信息不仅在生成内容和格式方面被网络零售商和第三方电商平台所控制，而且这些信息也都保存在他们自己的系统里，上游的制造商、供应商很难获得及时的、符合自己要求的网络评论信息。即使制造商或供应商从网络零售商那里得到了网络评论信息，其时效和质量都大打折扣。

基于此，徐峰等（2013）设计了网络评论影响背景下新的供应链合作运营框架（见图 6–11），并在此基础上提出了三种新的供应链运营模式：

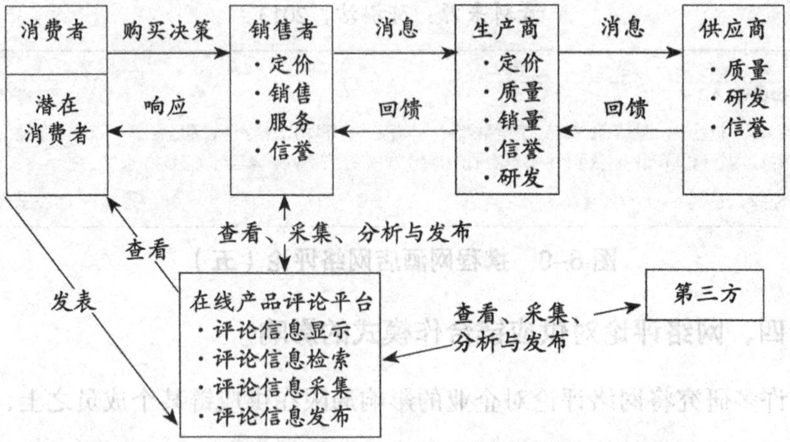

图 6–10　现有网络评论影响下的供应链运营框架

资料来源：徐峰等，2013

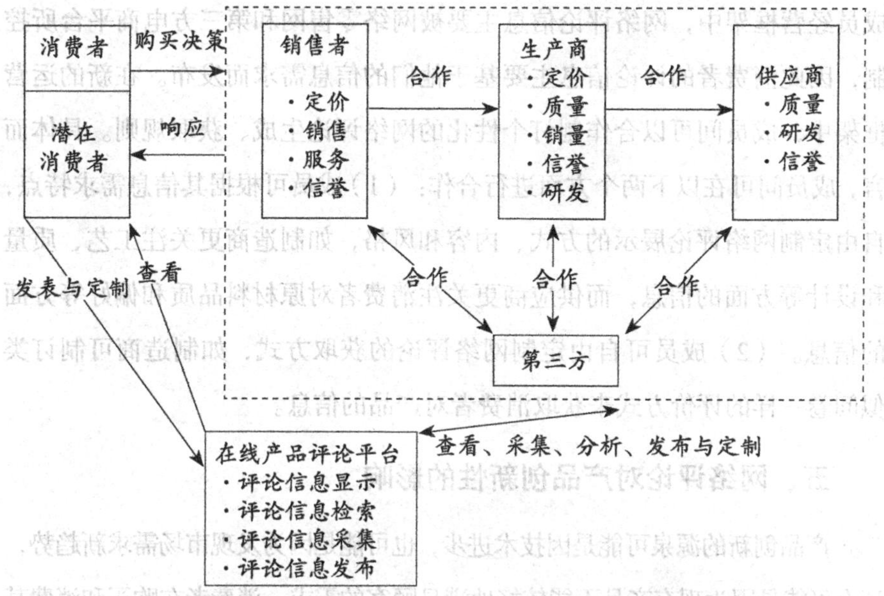

图 6-11　合作模式下的供应链运营框架

资料来源：徐峰等，2013

模式 1：供应链成员网络评论信息共享，提升服务质量。具体而言，成员可在以下三个方面进行合作：一是评论查询与抓取；二是评论回复与响应；三是客户资料信息共享。有了上述三个方面的合作，供应链各成员可以迅速得到各自所需要的客户信息和需求特点，并做出反应，调整自己的经营决策。

模式 2：成本分摊，引导消费者原创发表网络评论。由于许多用户并无发表评论的动机，即使发布了，也是信息质量不佳，达不到供应链成员对信息质量的要求。因此，供应链成员之间要合作，激励消费者发表评论信息。鼓励消费者发表网络评论的措施主要有以下五种：积分、返现（并非好评才返现）、折扣、优惠券和礼品。这五种措施各有优点和应用规则，供应链成员应在仔细分析自己的目标市场特征的基础上，选择合适的、针对性较强的措施。然而，这些措施需要一定的成本，因此各成员之间要事先明确各自的责权利，确定成本分摊原则。

模式 3：协同合作，获得高质量的网络评论信息。由于在当前供应链成员经营框架中，网络评论信息主要被网络零售网和第三方电商平台所控制，因此消费者的评论信息主要基于他们的信息需求而发布。在新的运营框架中，成员间可以合作制订个性化的网络评论生成、获取规则。具体而言，成员间可在以下两个方面进行合作：（1）成员可根据其信息需求特点，自由定制网络评论展示的方式、内容和风格，如制造商更关注工艺、质量和设计等方面的信息，而供应商更关注消费者对原材料品质和偏好等方面的信息。（2）成员可自由定制网络评论的获取方式，如制造商可制订类似问卷一样的评价方式来获取消费者对产品的信息。

五、网络评论对产品创新性的影响

产品创新的源泉可能是因技术进步，也可能是因为发现市场需求新趋势，还有可能是因为现有产品不能较好地满足顾客的需求。消费者在购买和消费某特定产品后，发表差评是企业值得关注的问题。这种关注不仅仅是为了现时的销售和客户服务，更重要的是它能帮企业找到产品创新的信息线索和方向。

如图6–12，该网络评论为消费者在购买笔记本电脑后发表的网络评论。从信息内容来看，该消费者尽管最后还是认为该商品值得购买，可是信息中仍然透露出产品存在的三个令人不满意的地方：一是拉丝面板防尘效果差；二是键盘按钮偏小；三是显示屏边框显宽。这三条信息就给生产企业提供了很好的完善产品的信息线索和改进方向。如果企业不加以完善和改进，一旦有竞争品出现，消费者就会转换品牌，甚至永远流失。

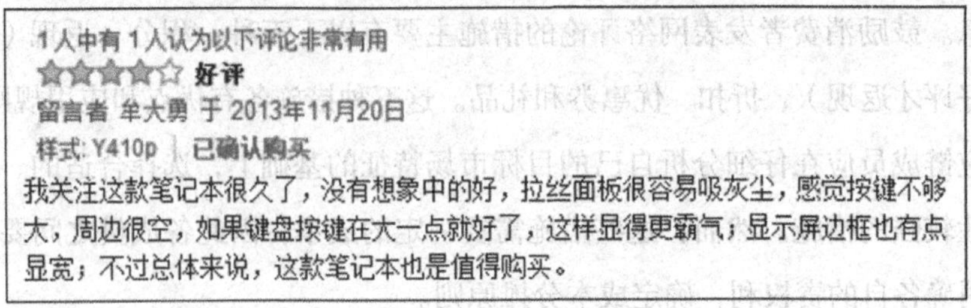
1 人中有 1 人认为以下评论非常有用

好评

留言者 牟大勇 于 2013年11月20日

样式: Y410p | 已确认购买

我关注这款笔记本很久了，没有想象中的好，拉丝面板很容易吸灰尘，感觉按键不够大，周边很空，如果键盘按键在大一点就好了，这样显得更霸气；显示屏边框也有点显宽；不过总体来说，这款笔记本也是值得购买。

图 6–12　电脑产品的网络评论

关于利用消费者发表的网络评论信息进行产品创新，张璐等（2015）进行了有益的探索。张璐等以手机为例，选取小米 1、小米 2 和小米 3 这三款小米公司旗舰机型，使用网络矿工数据采集器共采集有效网络评论共 1168 条；并采用 ROST CM 软件对上述网络评论信息进行中文分词和词频的统计。经过实证研究，发现小米公司这三款手机在不同属性方面的改进与消费者原创网络评论之间存在很强的相关关系。据此，企业可以根据消费者发表的关于上一代产品的评论信息来决定下一代产品的改进内容，也可确定今后新产品开发的方向。

因此，企业以消费者发表的网络评论信息作为产品创新的信息来源不仅是可行的，也是可靠的。这种产品创新方法，也正是市场营销理念——了解需求，满足需求的体现和落实。

【本章小结】：本章主要讨论了网络评论对企业的影响，包括对企业销售、企业定价策略、客户知识获取、供应链经营模式和产品创新性等各方面的影响。由此可见，网络评论对企业的影响既深远又广泛，作为企业，必须关注和实施相关应对策略，挖掘和利用网络评论提供的信息，作为经营决策的参考，只有这样才能提升企业经营绩效。

第7章 网络评论有用性及其投票的影响因素

我该如何看网络评论?

苏宁对刚买的小轿车呵护有加，每天都要花一定的时间在网上搜索如何进行汽车的日常保养。看到网友们讲爱车露天停放，日晒雨淋容易老化，因此决定接受网友的推荐，为爱车网购一件“合身”的车衣。

周末休息，苏宁在家上网搜索车衣。由于是第一次购买车衣这类商品，他心里没有一点谱。只是依稀记得网友讲过，车衣100元左右就可以了，200元以上的都是炒作概念。于是在输入“车衣车罩”后，在呈现的页面中选择了50~150元价格区间作为筛选商品的条件。看了两页的车衣商品后，面对琳琅满目的车衣，苏宁也不知如何选择。这时，右边广告位的一款车衣上的宣传语打动了他——“牛津亮银，质保三年”。于是随手点击进去，浏览了该车衣的基本信息（见图7–1）。看到月销量319件、累计评价8030条，苏宁觉得这款产品应该比较受欢迎。接着，他先阅读了一下商品详情，看着商家对商品的介绍，感觉比较满意。但多年的网购经验告诉他，商家的介绍不一定靠谱，到底质量如何还得看看其他消费者用后的评价。

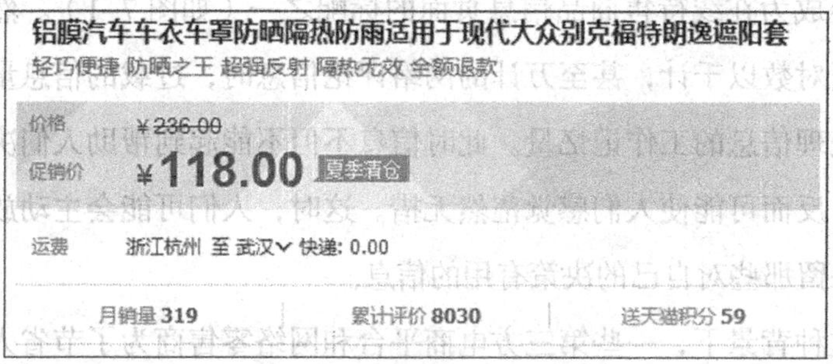

图 7-1 商品基本信息

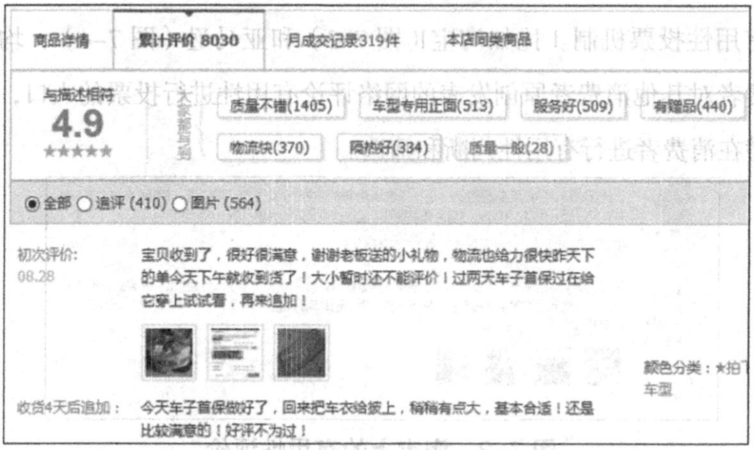

图 7-2 商品的累计评价

因此，苏宁点开累计评价，顺着页面给的评论顺序，先点开“质量不错（1405）”津津有味地品味起来。读了几页的评论，苏宁渐渐失去耐心，太多的评论让他有点无所适从。于是，他将那些看起来对自己决策没有帮助的评论一带而过，重点阅读了那些对自己决策有帮助的评论。

转眼，两个小时过去了……

经过认真阅读和比较评论信息，苏宁最终在多种品牌中选中了其中最符合自己需求的一款车衣。

苏宁网购阅读评论的经历，是许多“剁手党”在线购物的缩影。由于许多第三方电商平台和网络零售商已经注意到，先前的消费者的在线产品评论（网络评论）对后来的消费者的购买决策具有显著的影响，因此网络评论已经成为在线待售商品信息页面的标配之一（如图 7-1）。然而，当消费者面对数以千计，甚至万计的网络评论信息时，过载的信息量已然超过人们处理信息的工作记忆量。此时信息不但不能起到帮助人们决策的正向作用，反而可能使人们感觉茫然无措。这时，人们可能会主动放弃一些信息，保留那些对自己的决策有用的信息。

在这种背景下，一些第三方电商平台和网络零售商为了节省人们的搜索有用性网络评论的时间，方便查看对自己有用的网络评论信息，专门设置了有用性投票机制。比如淘宝（图 7-3）和亚马逊（图 7-4），均设置了消费者对其他消费者原创发表的网络评论有用性进行投票的入口，方便其他潜在消费者进行有用性判断和筛选。

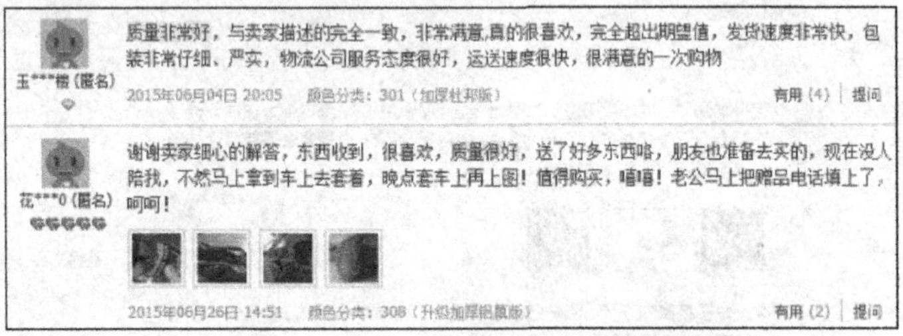

图 7-3 淘宝上的有用性评价

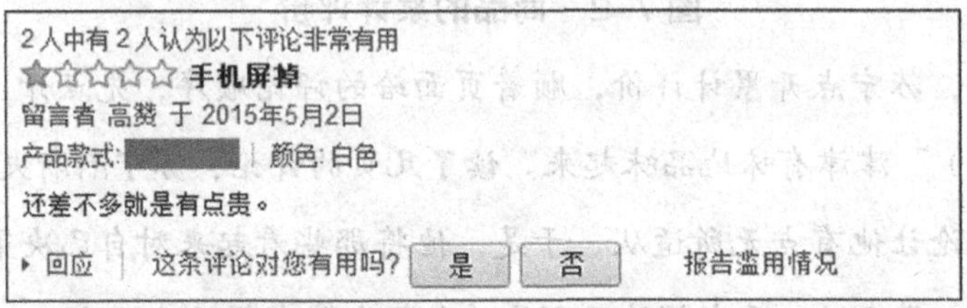

图 7-4 亚马逊上的有用性评价

那么什么样的网络评论信息在消费者看来是有用的？换言之，影响网络评论信息有用性的因素有哪些？网站设置的有用性投票真的有用吗？本章将吸收前人研究观点对这些问题进行探讨。

一、网络评论有用性的影响因素

网络评论是否有用，是阅读者对网络评论的一种主观感知。消费者在阅读过程中，会涉及四个方面的情境因素（见图 7-5），即阅读者（因素 1）在浏览产品相关信息（因素 2）和网络评论信息（因素 3）时，会基于其文本长短、情感倾向、评论及时性等方面判断该信息是否有用；同时，还会根据评论者（因素 4）个人信息透露情况、专业性和经验等来判断其所原创的网络评论的有用性。因此本章将在苗蕊（2014）研究的基础上，按这四个因素对网络评论有用性影响进行深入分析。

（一）网络评论信息特征对网络评论感知有用性的影响

当前，在研究者们对网络评论有用性影响因素的研究中，对信息本身的特征最为关注。网络评论本身特征包含的内容较多，比如网络评论文本属性（如长度、深度、写作风格、可读性）、网络评论情感倾向（包括正负性、评分或星级）、网络评论的时效性等。

1. 网络评论长度的影响

网络评论的长度，即文本长度，一般采用其容纳的字数多少为衡量标准。有研究显示，网络评论长度指标越大，其可能包含的商品或服务信息也越多，就越有可能帮助阅读者减少信息不对称，降低决策的不确定性，因此该网络评论有用性的可能性就越大（殷国鹏，2012；Siering 和 Muntermann，2013）。

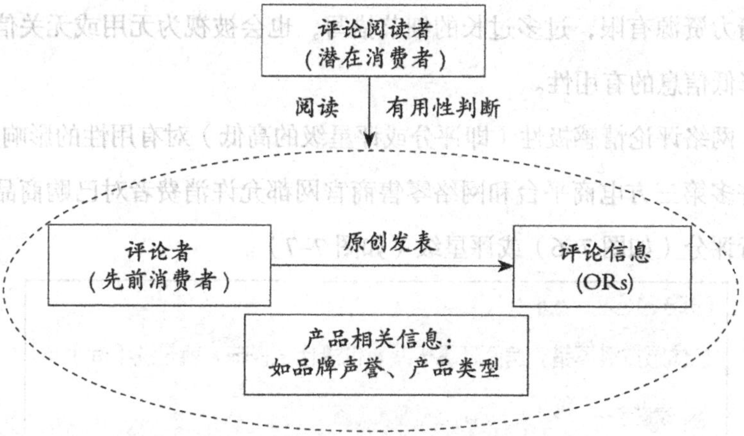

图 7-5 ORs 感知有用性的情境因素

然而，网络评论长度对有用性的边际贡献率是递减的（Baek 等，2013），并且这种边际贡献还存在边界，超越边界后，信息长度对有用性的贡献可能为零，甚至是负向贡献——人们会不愿意阅读，而转向长度较短的网络评论信息（Friske，2012）。这是因为，根据认知负荷理论，人们的工作记忆容量是有限的，当消费者进行“工作”（阅读网络评论信息）时，如果信息容量在其工作记忆容量阈值之内，那么信息的丰富性就与有用性成正相关关系，即信息越多，感知有用性就越强；反之，当信息容量超过其工作记忆容量，造成信息过载和认知越载，消费者就会感觉认知困难，从而造成决策困难，此时人们对信息有用性感知就会下降，甚至呈现负向的相关关系（殷国鹏，2012；Gan 等，2012）。

另外，关于网络评论长度对有用性的边际贡献率递减、超过阈值反而成为负相关，还有一种解释，即信息越长，无用或无关信息概率大幅上升，冲淡了消费者对其有用性感知。由于每位消费者在进行购买决策时，对各种商品属性评价的权重是不同的，比如，有的重视外观，有的关注质量，还有的看重价格，因此阅读者只会关注与权重最大的属性的相关信息，其他信息则被视为无用或无关信息。而过长的信息，必然会包含较多属性的评价信息，那么就有可能降低阅读者的感知有用性。此外，由于消费者时间和精力资源有限，过多过长的细节描写，也会被视为无用或无关信息，最终降低信息的有用性。

2. 网络评论情感极性（即评分或评星级的高低）对有用性的影响

许多第三方电商平台和网络零售商官网都允许消费者对已购商品或服务进行评分（如图 7–6）或评星级（如图 7–7）。

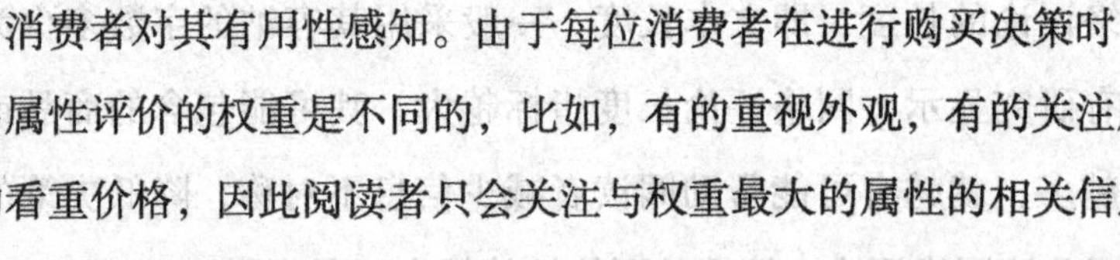

图 7–6 携程网评分系统

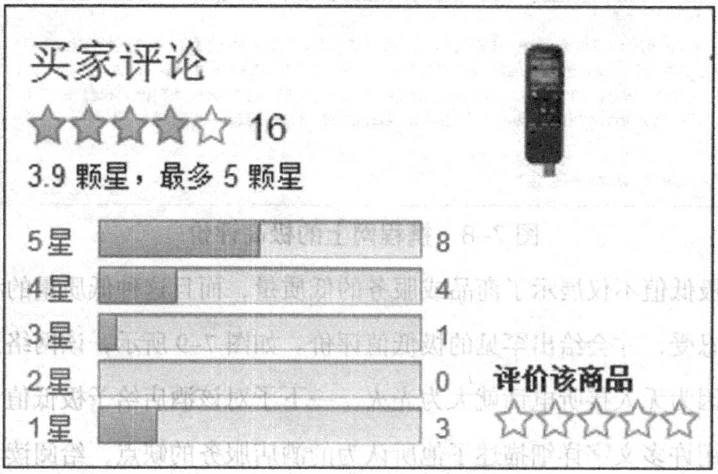

图 7–7　亚马逊的评星级系统

消费者给予的评分或星级评价，属于网络评论情感倾向中的一种，也称之为效价。一般而言，无论是评分还是星级评价，最高评价（极高值）为 5 分或 5 星，最低评价（极低值）为 1 分或 1 星；3 分或 3 星则代表着消费者对商品或服务的情感倾向是中性的。关于评分或星级评价对有用性的影响，主要有三种观点：

第一，极端评价的影响高于中性评价（Forman 等，2008；Ghose 和 Ipeirotis，2011）。消费者之所以阅读其他消费者发表的网络评论信息，本身就表明其购买态度处于一种中立状态，买和不买二者意愿平分秋色，因此需要外部信息来帮助确定是买还是不买。这时，中性评价对阅读者来讲自然显得没有用处；而极高值或极低值评价则能改变其中立态度的天平，使其偏向买或不买。

比如，极高值往往透露着商品或服务的优点，而且这种优点带给客户的愉悦程度较高，才会促使客户不吝美言给予最高评价。如图 7–8 所示，该评论的评论者对酒店的设施、早餐、交通、位置等均给予最高评价，并进行了详尽描述，给予了潜在消费者丰富的信息。

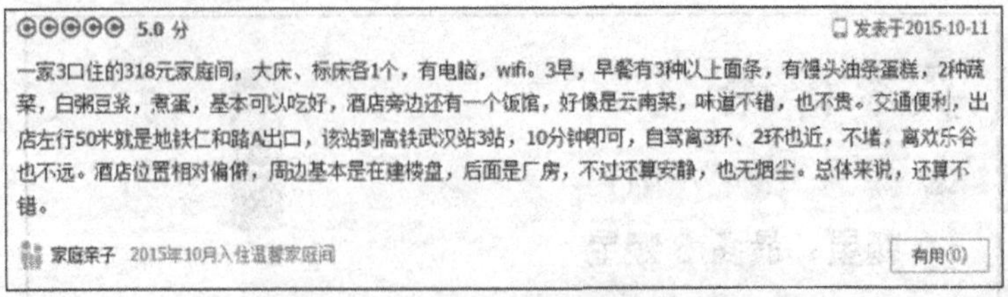

图 7–8　携程网上的极高评价

而极低值不仅展示了商品或服务的低质量，而且这种低质量的程度让人无法忍受，才会给出罕见的极低值评价。如图 7–9 所示，该网络评论评论者仅因为无人接听电话就大为光火，一下子对该酒店给予极低值评价。评论者用许多文字详细描述了他所认为的酒店服务的缺点，给阅读者的印象非常深刻。

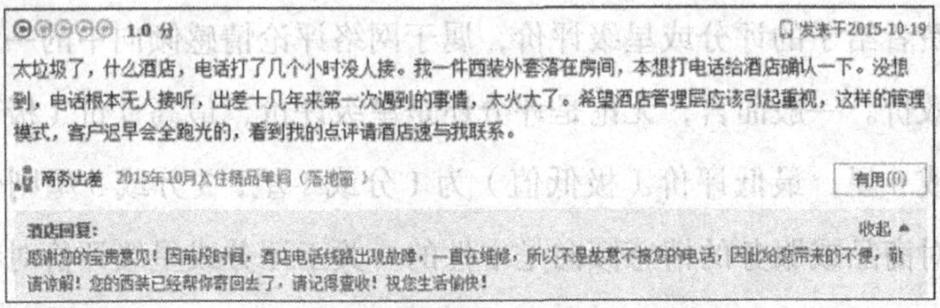

图 7–9　携程网上的极低评价

再看中性评价（图 7–10），其内容信息量明显少于极高值和极低值的网络评论，对潜在消费者而言，其参考价值自然较低，就可能影响阅读者对其有用性的投票。

因此，综合比较上述三种评论，相比中性评论，极高值和极低值评论不仅内容丰富，信息量较大，而且由于其详尽的描述，辅之以鲜明的情感，给阅读者的印象非常深刻，因而也更容易得到阅读者的有用性投票。

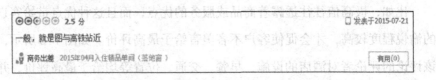

图 7–10　携程网上的中性评价

第二，极高值评价和极低值评价对有用性的影响力大小，受到阅读者类型的调节。有的消费者是在想买的态度支配下去搜索产品，然后想通过阅读网络评论来支持自己购买决策的正确性。因此，对这类消费者而言，极高值评价对有用性的影响自然要大于极低值对有用性的影响。还有一些消费者在购买前本身购买态度并不明确，此时极高值和极低值对有用性的影响力是大小均等的。另外，还有一类消费者本身具有较强的负向倾向，认为商品本来就应该具备相应的功能和质量水平，极高值评价是正常和应该的；此时，他们就更关注极低值评价，因此对这类消费者而言，极低值评价对有用性的影响明显高于极高值评价对有用性的影响。

第三，单条网络评论的评分或星级评价与平均评论或星级评价的方差越大，其有用性感知就越小（殷国鹏，2012；Baek 等，2013）。研究者认为这是消费者从众心理使然，将个别与评价均值相差太远的网络评论作为特例或例外处理。不过，企业不能以此作为对极低值评价不闻不问的依据，如果此类评价数量不是极少，也会引起阅读者的警觉。

3. 情感正负性对网络评论有用性的影响

此处所讲的情感正负性是指消费者在网络评论文本中所体现出来的态度倾向，这种正负态度是用语言表达出来的，而不是通过评分或星级表现的。如图 7-11 所示，该酒店顾客在评论文本中出现了“凉了半截”（负向）、“点个赞”（正向）、“不解”（负向）、“下次还是会入住！”（正向）等词语，涵盖了其对入住酒店的情感倾向的正负性。

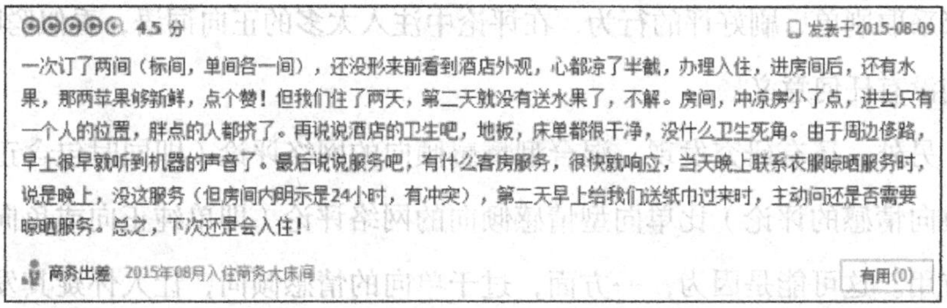

4.5 分　发表于2015-08-09

一次订了两间（标间，单间各一间），还没形来前看到酒店外观，心都凉了半截，办理入住，进房间后，还有水果，那两苹果够新鲜，点个赞！但我们住了两天，第二天就没有送水果了，不解。房间，冲凉房小了点，进去只有一个人的位置，胖点的人都挤了。再说说酒店的卫生吧，地板，床单都很干净，没什么卫生死角。由于周边修路，早上很早就听到机器的声音了。最后说说服务吧，有什么客房服务，很快就响应，当天晚上联系衣服晾晒服务时，说是晚上，没这服务（但房间内明示是24小时，有冲突），第二天早上给我们送纸巾过来时，主动问还是否需要晾晒服务。总之，下次还是会入住！

商务出差　2015年08月入住商务大床间　有用(0)

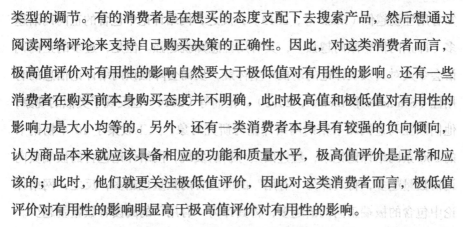

图 7-11　网络评论情感正负性

当前研究结果显示，网络评论中包含的负向词语越多，阅读者对其感知有用性就越低（Baek 等，2013）；反之，网络评论中包含的正向词语越多（即正向情感倾向越强），其有用性感知就越强。但是，过多的正向词语会令人对其发表评论的动机产生怀疑，反而会降低该网络评论信息的有用性（Schindler 和 Bickart，2012）。崔楠等（2014）也发现了类似的现象，他们以亚马逊网站书籍的网络评论为研究对象，人工收集了 10 本畅销书的 200 条网络评论记录，经过回归分析后发现，网络评论包含的极端负向词语数量越多，将其评为“有用”的阅读者的数量也越多；反之，网络评论中包含的极端正向词语越多，将其评为“有用”的阅读者数量就越少。研究者解释，极端负向之所以显著正向影响有用性，可借用 Chen 和 Lurie（2013）三种观点来解释：一是进化论；二是信息出现频率；三是频率归因。首先，从进化论视角解释，“居安思危”是人们在漫长的过程中逐步形成的一种思维方式。因此人们会把更多的注意力放在“危”上，即负向信息上，才能确保自己不会被优胜劣汰。因为负向信息对生存的影响更大。其次，就信息出现频率视角而言，负向信息不仅信息量更丰富，而且数量规模小，因此阅读者更愿意关注负向信息。最后，从频率归因视角来看，人们出于社会交往需要，希望保持良好的人际关系，一般而言，提供正向信息的意愿大于提供负向信息的意愿，因此规模更小的负向信息的影响力变得更强。而极端正向评论则是由于极端正面信息容量小，而且出现频率比极端负向评论要多，因此阅读者对极端正面评论的反应显得较为迟缓。因此，有的商家采取刷单、刷好评的行为，在评论中注入太多的正向词语，看似聪明，实则没有任何意义。

另外，还有研究发现，混合型情感倾向的网络评论（即同时包含正向和负向情感的评论）比单向型情感倾向的网络评论（即单纯正向或负向）更有用。这可能是因为，一方面，过于单向的情感倾向，让人怀疑其发表动机，如单纯正向，可能怀疑是产品相关利害人自评；单纯负向则可能是竞争者的竞争行为，从而降低了评论信息的有用性。另一方面，单向型网络评论情感激烈，不符合一般的逻辑推理——存在即是合理的。既然产品或服务存在着，必然有其优点或缺点，单纯偏向于任何一方，都让人难以相信，因而其有用性也大打折扣。

4. 网络评论情感的主客观倾向

网络评论情感还可根据其文本展现的内容特征为标准，将其分为主观性网络评论和客观性网络评论。前者是指网络评论内容展现的是消费者在消费之后的主观体验和感受；后者则是展现出商品或服务属性方面的客观信息。Ghose 和 Ipeirotis（2011）在对网络评论进行文本挖掘和评论者特征分析后，发现网络评论情感表现出的主观性与其有用性呈现负向相关，即主观性越强，其有用性就越低；同时还发现，主客观性混合度与有用性呈现正相关，即主客观混合度越高，其有用性也越高。

对于客观性网络评论显著的正向影响效应，崔楠等（2014）也有类似的发现，即随着网络评论中以信息为中心的词语个数的增加，该网络评论的有用性也随之增加。然而，他们并没有发现以情感为中心的词语的数量对有用性的显著影响。

上述研究结论，可借助 Petty 等（1983）提出的认知信息加工理论模型来解释（崔楠等，2014）。信息的认知加工有两种模式：中心路径加工模式和边缘路径加工模式。前者是指信息接收者在接收到信息后，会认真获取信息各个细节并全面评价信息的质量，只有在该信息达到详尽程度时才会被其说服；而后者是指信息接收者不太关注信息的详尽程度，只是对信息做大致整体的认知，比如只是判断信息是否真实和可靠。在网络评论情境下，阅读者在接触到客观性的网络评论信息后，会启动中心路径的认知加工模式。此时阅读者就会在网络评论信息中搜索和获取更多的客观性（信息性）的词语，如产品的具体使用情境、产品各属性的细节描述等。因此，此时如果网络评论包含更多的客观性的信息，将使得阅读者能顺利完成中心路径的认知加工模式，从而对网络评论信息产生更强的可信感知，并在大脑中呈现出未来购买和消费的情境。因此，包含更多的客观性信息的网络评论能产生更强的有用性感知。而阅读者接触到主观性的网络评论信息后，会启动边缘路径的认知加工模式，这时阅读者会随着主观性的网络评论信息，忽略产品相关的具体属性和细节，转而关注诸如评论的真实性和可靠性。如果网络评论信息主观性越强，即无具体细节描述，只有强烈的情感表达，会让人对其真实性和可靠性产生怀疑，从而降低其有用性。

王平和代宝（2012）更进一步考察了商品类型在网络评论情感主客观性对有用性影响中的调节效应。他们将产品类型分为搜索型和体验型，并选取数码相机和手机作为搜索型产品的代表，以音乐 CD 和 MP3 播放器作为体验型产品的代表。进而获取了卓越网 8 个品牌、符合研究条件的有效评论 1250 条。经过实证分析后发现，当商品为体验型时，主观性的网络评论有用性更强；而当商品为搜索型时，客观性网络评论的有用性更强。

这是因为，对于搜索品而言，对其进行全面认知和判断只需搜索一些与产品有关的客观信息即可，比如手机，只要知道品牌、ROM、系统等信息就可以大致判断其质量水平，而无须消费者亲自消费或借鉴他人消费经验，因此客观性的网络评论显得更有用。而对于体验品而言，情形则不同，如餐馆，即使拥有了产品的相关信息，如餐馆价格、地理位置、特色菜、别人的口碑等，也无法确定该餐馆就一定适合自己的品位，唯有亲自消费检验后，才能得到真正的心得体会，此时主观性的网络评论的有用性更强。

这启示第三方电商平台和网络零售商，可以根据不同的产品类型，设计不同的网络评论撰写格式，提升网站网络评论的有用性。

5. 网络评论的字词错误率对网络评论感知有用性的影响

Ghose 和 Ipeirotis（2011）研究发现，网络评论的字词拼写错误率显著负向影响网络评论的感知有用性。后来，Scholz 和 Dorner（2013）在考察网络评论有用性时也有类似的发现。可能的原因是，字词错误率越高，一方面反映评论者可能不够认真，敷衍塞责，阅读者从其发表网络评论态度方面，判断其网络评论信息本身质量不可靠，从而降低该评论的有用性；另一方面，字词错误率高，反映出其文字表达能力不佳，其网络评论内容可能并不是其真正的内心想法，因而也降低了其发表的网络评论的有用性。

6. 网络评论的时效性对有用性的影响

网络评论发表的时效性对消费者感知有用性是不言而喻的，一般来说，发表日期越近的网络评论信息，对消费者的影响也越大（Liu 等，2008；Cao 等，2011）。毕竟早期的网络评论，只能说明以前的产品状态。如今，时过境迁，以前的产品或服务的缺陷，有可能被厂家消除了。而最近的新评论则反映了产品或服务当前的质量和使用状态，因此对消费者而言，有用性感知自然更高些。然而，也有学者发现，网络评论时效性与有用性呈现正相关关系（郝媛媛，2010）。出现这种不一致的研究结果，说明网络评论时效性和有用性之间的关系可能存在着调节因素，如消费者的购买时间、产品类型等，都有可能会调节二者之间的关系，这些都需要研究者进一步去研究和验证。

（二）评论者特征对网络评论感知有用性的影响

在网络评论研究领域，评论者即原创发表在线产品评论信息的消费者。他们的特征，主要体现在个人身份信息披露程度、在线资信可信度等。

1. 个人身份信息披露程度

由于网络的虚拟性，许多消费者在线发表网络评论时，采取匿名性，如用字母或英文代替、起名，但也有消费者采用实名（或看似真名的姓名）。比较图 7-12（匿名发表）和图 7-13（看似真名发表），很明显，匿名发表的评论者没有透露自己的任何信息，其发表的网络评论信息的可信度和有用性相对较低；而看似真名发表的评论者，给人更多的真实感，其发表的网络评论有用性相对较高。许多研究也表明，如果评论者能透露其个人身份信息，如真实姓名、照片、地理位置信息等，其发表的网络评论有用性较高（Ghose 和 Ipeirotis，2011；Schindler 和 Bickart，2012）。然而，

Baek 等（2013）的研究结果却显示个人身份信息披露和有用性之间没有显著的相关关系。这种不一致，二者关系可能还存在着个人身份信息披露的程度及可信度等因素的调节作用。

1 人中有 1 人认为以下评论非常有用
国产也不错~
留言者 qy999999 于 2015年10月17日

图 7–12　匿名发表网络评论

4 人中有 2 人认为以下评论非常有用
五星给的亚马逊，手机最多给四星
留言者 林宇阳 于 2015年9月23日

图 7–13　看似真名发表的网络评论

2. 评论者在线资信度

评论者在线资信度，也称为评论者名声可信度，是指评论者在虚拟社区的社区地位和专家形象。网络评论作为一种信息源，我们可以借助说服的双过程模式，当网络评论接收者采用边缘路径处理评论信息时，网络评论的可靠性是最为重要的判断其质量的线索。而网络评论可靠性可由两大维度展现：一是可信度，二是专业能力。

在线产品评论区域，属于虚拟社区的一种。由于有些网站在发布网络评论时，将评论者的昵称或名称显示出来，这样其发表的网络评论次数和文本内容就具有一定程度的可识别性。发表次数越多，表示其产品购买和消费经验越丰富，其资历越深；发表的文本内容越有深度和独到见解，比如其发表的网络评论收到的有用性投票越多，表明其在该产品领域越具有一定的专家形象。另外，还可以根据评论者在网站的排名来表明其在线资信度，如有的网站要求注册以后才能发表评论，这样网站就可以根据评论者活跃程度进行排名。排名越靠前者，其在线资信度也就越高。王平和代宝（2012）、Baek 等（2013）通过实证研究，发现评论者在线排名与其发表的网络评论有用性呈现正向的相关关系，而且这种显著的正向关系不受产品类型的影响。因为排名越靠前，评论者的意见领袖地位越强，阅读者越倾向于向其搜集信息。殷国鹏等（2012）在研究消费者认为什么样的网络评论更有用时，就考虑到评论者发表的网络评论历史数量，会影响其他消费者对其消费经验能力和声誉的判断，故而将评论者发表的历史数量作为控制变量，从侧面说明了评论者在线资信度对网络评论有用性的影响。

在分析评论者特征对有用性影响时，除上述两大主要因素外，还有其他的一些因素也被一些研究者所探索。

比如，Pan 和 Zhang（2011）在研究影响网络评论有用性的因素时，指出评论者的创新性是影响其发表的网络评论有用性的因素之一。这是因为，评论者的创新性可能会帮助其成为虚拟社区的意见领袖，而其他消费者则根据其意见领袖地位而给予其发表的网络评论较高的有用性评价。然而，当评论者的创新性过高，则因其消费习惯、偏好等与普通用户存在着极大的异嗜性，导致其“曲高和寡”，发表的评论成为“阳春白雪”，可能会减弱其发表的网络评论的有用性。

（三）阅读者特征对网络评论感知有用性的影响

1. 阅读者的先验知识水平

网络评论是否有用，归根到底只是阅读者个体的一种感知。因此，阅读者不同的个体特征就会形成不同的有用性感知。比如阅读者拥有的先验知识水平高低就被视为影响其对网络评论感知的显著因素。Connors 等（2011）在探讨网络评论有用性的前置因素时发现，对于知识水平较高的阅读者来讲，网络评论包含的商品信息越多，网络评论就越有用。因为这些知识水平较高的阅读者，拥有比一般消费者更多的商品知识和经验，其对相关产品信息的接收能力、处理能力相对较高，且对信息的需求也更为深刻，因此，对信息量丰富的网络评论的感知有用性更高。

2. 阅读者的类型

Zhang 等（2010）在研究网络评论何时发挥作用时发现，阅读者的类型会影响其对网络评论有用性的判断。具体而言，对于促进型阅读者（潜在消费者）而言，极高正向的评价被认为是更有用的网络评论；而对于防御型阅读者而言，极低负向评价则被视为更有用的网络评论。

（四）产品相关信息对网络评论感知有用性的影响

1. 品牌声誉对网络评论感知有用性的影响

消费者进行购买决策时，会兼顾考虑许多因素，其中重要的因素之一即是产品的品牌。研究表明，品牌声誉与消费者对产品的认知有着显著的相关关系；较高的品牌声誉将会引导消费者对产品的品质产生较高的联想（Weiss，1999）。因此，当消费者对某品牌产生较高的声誉感知时，就会减少对口碑信息的依赖，受其影响较小；而当消费者尚未对品牌形成声誉感知时，才会依赖口碑信息，受其影响较大（Herr 等，1991）。因此，品牌声誉对网络评论的感知有用性可能存在着一定的影响。

付建坤等（2014）在这方面进行了有益的探索，他们基于前人研究成果和相关理论，采用京东商城的网络评论作为研究数据，发现品牌声誉对网络评论效价、长度和时效性等影响有用性的因素的效应具有调节作用。首先，根据一致性理论，消费者在阅读产品信息时，会认同或接受与自身情感相一致的信息。当消费者对特定品牌有较高声誉感知时，会产生正向的态度，因而倾向于接受正向的网络评论；反之，当消费者对特定品牌的声誉感知较低时，一般对该商品知之甚少，因而更容易受到情感更激烈、内容更丰富和详尽的极端评价的影响。因此，当品牌声誉较高时，正向网络评论比负向网络评论具有更高的有用性感知；当品牌声誉较低时，极端网络评论比中性网络评论有用性强。

其次，对于品牌声誉较低的商品而言，在商品上市初期，消费者拥有的信息较少，需要借助网络评论等信息；但是随着商品上市时间的变长，消费者拥有的信息渐渐变多，加之商品可能会有所更新，因此，早期发表的网络评论信息的有用性就会下降，而新的网络评论信息就具有更强的诊断性，其有用性更高。而对于品牌声誉较高的商品而言，情况会有所不同。由于品牌有良好的形象和声誉，消费者对其信息的掌握一直都处于较高水平，早期的网络评论和最新的网络评论对有用性感知的影响没有显著的差异。因此，当品牌声誉较低时，网络评论的时效性与有用性呈现负向相关；与品牌声誉较低的产品相比，网络评论的时效性对声誉较高的品牌的网络评论的有用性影响大。

杨朝君和汪俊奎（2014）也发现品牌声誉是网络评论长度与有用性、网络评论星级与有用性之间的调节变量。研究者以亚马逊（中国）网站为例，收集了手机、相机、喷墨打印机、MP3 播放器、剃须刀这五种在线商品计 26 个品牌的 1845 条评论数据，然后基于中关村在线网（2012 年 12 月 8 日）公布的各品牌市场占有率的相对大小将这些品牌划分为大品牌和一般品牌两类。经过实证研究发现，（1）相对于一般品牌而言，大品牌商品的评论长度对有用性的正向影响要大些。（2）在没有加入品牌调节作用时，网络评论星级评分和有用性之间的关系并不显著；然而，在加入品牌作为调节变量后，对大品牌来讲，极端网络评论比中性网络评论对有用性的影响大，即星级评分与有用性呈现出“U”形关系。

2. 产品类型对网络评论感知有用性的影响

虽然 Nelson(1974) 从信息经济学的信息搜索成本角度将产品分为搜索型产品（或功能型产品）、体验型产品和信念型产品三种，但由于信念型产品较少，[1] 因此现有研究一般将产品分为搜索型和体验型两类，讨论产品类型在相关因素影响有用性感知过程中的调节效应。

江晓东（2015）基于可达性——可诊断性模型和不确定性降低理论，

[1] 信念型产品指消费者由于缺少相关专业知识，在使用之后仍不能评估其质量的产品，例如牙医服务等（江晓东，2015）。

构建了产品评论有用性影响因素模型，考察了产品类型（搜索型和体验型产品）对网络评论的感知有用性的直接效应以及相关调节效应。研究者选择了上海财经大学出版社出版的《短线点金——揭开市场的底牌》一书作为体验类型产品，收集了该书在当当网上的670条网络评论；同时，选择诺基亚E63（3G）手机（黑色）作为搜索型产品，并收集该机型在京东商城上的568条网络评论进行研究。实证结果如下：

（1）体验型产品的网络评论的感知有用性显著高于搜索型产品。这是因为，消费者容易从其他渠道获得搜索型产品的相关信息，如商家的广告信息、第三方产品评论信息等；而搜索型产品的网络评论仍然是关于产品的客观描述型的信息，与其他渠道信息相差不大。依据边际效用递减规律，搜索型产品网络评论提供的信息有用性相对较低。而体验型产品则不然，消费者从其他渠道获得的信息不足以满足其信息需求，而体验型产品的网络评论是对产品或服务的一种体验和感受，是千差万别的，“一千个观众眼里，有一个哈姆雷特”，因此阅读者获得的大部分是新颖的、独特的信息，其边际效用就不存在递减，故网络评论有用性较高。

（2）产品类型（搜索型VS体验型）在评分极端性对网络评论感知有用性的影响中具有调节效应。具体而言，相对于搜索型产品，体验型产品的极端评分对网络评论的感知有用性具有更强的正向效应。这是由于体验型产品与搜索型产品不同，必须实际使用或消费后才能对产品的质量和性能做出评估，此时其他渠道的信息的作用相对有限；而其他消费者使用或消费后的体验，如网络评论信息，尤其是极端评分（1分或5分）包含的体验感受更为强烈，因而比中性评分（如3分）那种体验感受更有诊断性，因此体验型产品的极端评分的有用性感知高于搜索型产品的极端评分。

（3）产品类型（搜索型VS体验型）还在网络评论客观性对感知有用性的影响中扮演着调节作用，即体验型产品的网络评论客观性对网络评论的感知有用性具有显著的正向影响。然而搜索型产品网络评论的客观性对有用性感知没有显著的影响。

汪涛等（2015）基于归因理论，考察了消费者购买产品与发表网络评论的时间间隔与产品类型（物质型产品 VS 体验型产品）如何相互作用来影响网络评论的有用性感知。[1]经过实验研究发现，对体验型产品而言，购买产品与发表网络评论的时间间隔近（VS 远）能提升网络评论的有用性感知；但对物质型产品而言，该时间间隔近（VS 远）则减弱了网络评论的有用性感知。究其原因，是因为对体验型产品而言，与时间间隔较短相比，网络评论发表与购买产品的时间间隔较长时，体验可能随时间延长而模糊，阅读者更可能将网络评论发表归因于评论者个人因素，从而减弱了阅读者对网络评论的感知有用性；反之，该时间间隔较近时，则提升了阅读者对网络评论的感知有用性。而对于物质型产品而言，情况有所不同。其质量的评估需要在实际使用一段时间后才能真正完成，因此购买时间和发表网络评论时间间隔较近时，阅读者有理由认为评论者还没真正了解产品，其发表的网络评论更有可能被归因于个人主观因素而不是产品自身因素，进而减弱了网络评论的有用性。

二、网络评论有用性投票的影响因素

根据中国互联网中心 2015 年 7 月公布的第 36 次报告显示，截至 2015 年 6 月 30 日，我国网民中有 3.7 亿人使用网络进行购物，网民使用率达 56%。在日益发达的网购市场，由于网络的虚拟性，人们购物时大都要借助其他消费者发表的网络评论来支持自己的购买决策。

然而，海量的网络评论信息造成的信息过载，使得潜在消费者无所适从，造成了幸福的烦恼。其实，信息过载和信息不足一样，都没有降低消

[1] 物质型商品是以获取所有权为购买目的，典型表现为实体产品，例如汽车、衣服、珠宝以及各式各样的电子类产品，对它的拥有可以持续一段时间（Carter 和 Gilovich，转引自汪涛等（2015））。

费者对产品和购买决策产生的不确定性。如图 7–14 所示，该商品累计评价有 26 万余条，消费者肯定无法全部阅读，此时多即是无，过多的网络评论就使其失去了存在的意义。因此，许多第三方电商平台采用了“有用性”投票机制（包括“有用”和“无用”两个选项），并将投票结果呈现在评论页面，方便阅读者判断是否有必要阅读该信息（如图 7–4）。这种有用性投票有两种形式，一种是图 7–4 所示的，将有用性投票和总投票数一起呈现；另一种如图 7–15 所示，只显示有用性投票，不显示总投票数。比较而言，第一种展现有用性投票的方式在现实中使用较多且信息更丰富，比值越大，表明该网络评论的有用性越强。但这种方式仍然存在下述问题：一是，如果投票总数较少，该比值并不能准确反映该网络评论有用性的真实价值，即 500/1000 和 1/2 的比值虽然相同，但很明显，前者的有用性价值要高于后者；二是，没有被投票的网络评论被人为排除在外，既引不起潜在消费者的阅读兴趣，也被剔除在理论研究的范畴之外（陈在飞和徐峰，2014），而没有被投票的很可能是由于发表时间较近造成的，其有用性并不一定低；三是，有用性投票数明显少于总评数，说明有用性投票意愿较低。

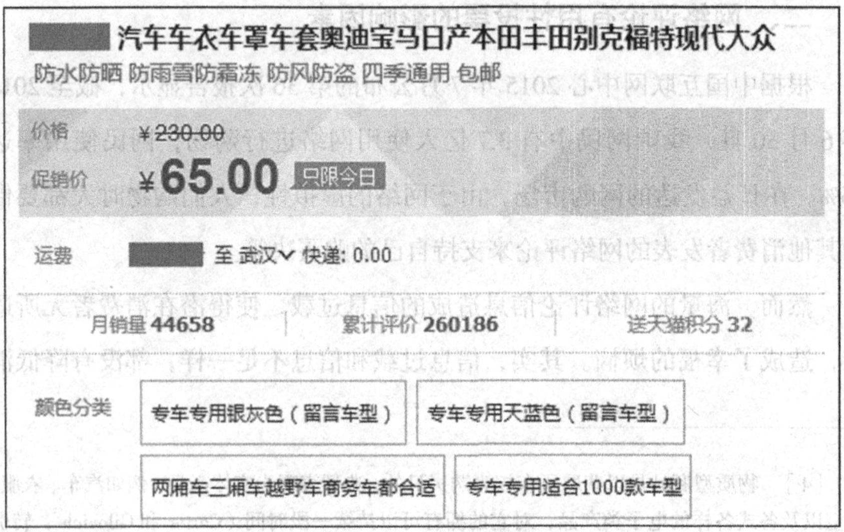

图 7–14　海量的网络评论

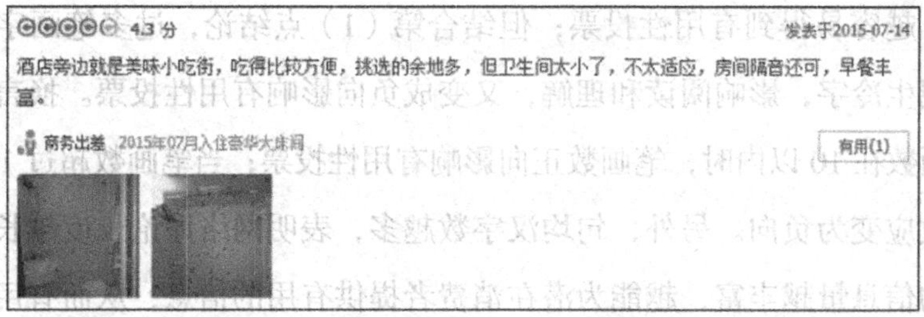

图 7–15　只显示“有用”投票不显示“总投票”的网站

综上所述，在海量的网络评论情形下，亟待进一步完善有用性投票机制，同时还应提高消费者对网络评论的有用性投票的意愿。上述两个方面的问题均有赖于了解有用性投票的影响因素。

虽然有用性投票也是网络评论感知有用性内容之一，但二者仍然有区别。有用性投票是有用性感知这种态度和意愿的行为化，但态度和意愿并不一定会转化为行为。因此，二者的影响因素可能存在差别，故本章将二者进行了区分。

下面从网络评论信息本身特征和评论者特征两个方面对此有用性投票进行探讨。

（一）网络评论信息本身特征对有用性投票的影响

1. 网络评论易读性对有用性投票的影响

易读性是指网络评论文本信息的阅读和理解难度。陈在飞和徐峰（2014）对此做了有趣的探讨。他们基于前人的研究成果，以网络评论字均笔画数、句均汉字数和多笔画字数作为网络评论易读性的三个维度，考察它们对有用性感知的影响。其中多笔画是在前人研究基础上，以 10 画作为衡量笔画多和少的标准。

实证分析结果显示，（1）多笔画字负向影响消费者有用性投票。因为多笔画字多为冷僻字，潜在消费者存在阅读困难，从而影响了阅读流畅性，并进而影响消费者对评论的理解，最终降低了对其有用性感知，减少了有用性投票。（2）网络评论的字均笔画数和句均汉字数对有用投票数具有显著的正向影响。这是由于字均笔画数越大，可能包含的字越复杂，提供的信息可能越多，越容易得到有用性投票；但结合第（1）点结论，过多笔画字又容易出现生冷字，影响阅读和理解，又变成负向影响有用性投票。换言之，当笔画数在 10 以内时，笔画数正向影响有用性投票；当笔画数超过 10 时，影响效应变为负向。另外，句均汉字数越多，表明网络评论长度越长，即包含的信息量越丰富，越能为潜在消费者提供有用的信息，从而有用性投票也越多。

国外学者也对此有深入研究，Li 和 Zhan(2011) 通过研究文本信息对有用性投票数的影响时发现，网络评论长度和网络评论文本中包含的感叹号数量对有用性投票数有显著的负向影响；Cao 等（2011）运用文本挖掘方法探讨有用性投票的决定因素时发现，网络评论中包含的否定词语和四个字母的单词的数量显著地正向影响有用性投票数量，而网络评论标题包含的单词数量则显著地负向影响有用性投票数量。

由此可见，网络评论的易读性显著地正向影响消费者的有用性投票。

2. 网络评论信息的丰富性对有用性投票的影响

网络评论信息内容越丰富，对潜在消费者的信息诊断性越强（Mudambi 和 Schuff，2010）。

陈在飞和徐峰（2014）也指出，网络评论信息越丰富，即越有可能提供更多、更全面、更有深度的有关商品属性、性能以及购买和消费体验等方面的信息内容；而这些信息越多越详细，阅读者感知的有用性就越强，从而越能提高其有用性投票的意愿。

（二）评论者特征对有用性投票的影响

消费者在进行有用性投票时，不仅仅基于网络评论信息本身的判断，有时评论者的某些特征也会影响其对网络评论有用性的判断。

1. 评论者发表网络评论的历史信息对有用性投票的影响

在有些第三方电商平台或网络零售商官网上，可以查看评论者过往的网络评论的信息。以携程网为例，酒店客户评论信息左侧显示了评论人相关历史信息，这些历史信息有助于阅读者对其发表的网络评论进行有用性判断。我们来比较携程网上两位评论者的历史信息：首先，从图 7–16 可看出该评论者等级为“点评达人”，累计发表网络评论 12 条，12 次被其他阅读者投“有用点评”的票，上传了图片 4 张，足迹遍布 11 个城市，点评过 9 家酒店。再看图 7–17，该评论者等级为“点评新星”，累计发表网络评论 2 条，没有被其他阅读者投有用票，也没上传过图片，足迹只经过 3 个城市，点评过 2 家酒店。最后，再来看图 7–18，这位评论者等级为“点评专家”，累计发表网络评论 30 条，但没有 1 条被其他阅读者投有用票，上传了 2 张图片，足迹经过 14 个城市，点评过 3 家酒店。

比较三位评论者的历史信息后，我们很容易为第 1 位评论者发表的网络评论的“有用”投上一票。理由很简单，虽然其点评总数不是最多的，但过往被评为有用的次数足以说明其网络评论内容可信且可靠，对其他人选择酒店更有帮助。而第二位评论者总评论数才 2 条，且没有一条被评为有用，可见其酒店消费经历较少，评论有用性较低；第三位评论者虽然总评数最多，达到了 30 条，足迹遍布 14 个城市，但其发表的网络评论没有一条被其他阅读者评为有用，由此可见其评论虽多，但质量不高，参考性不大，故阅读者对其发表的评论有用性感知也很低。

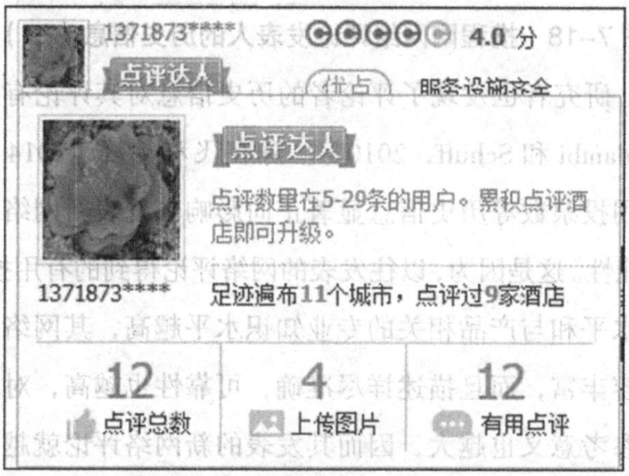

图 7–16　携程网网络评论发表人的历史信息（一）

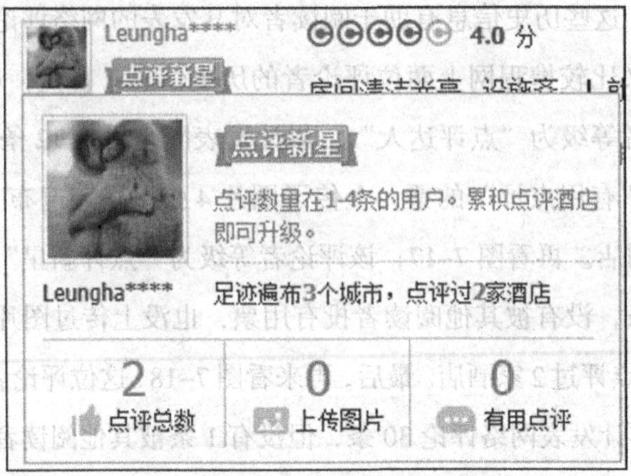

图 7–17　携程网网络评论发表人的历史信息（二）

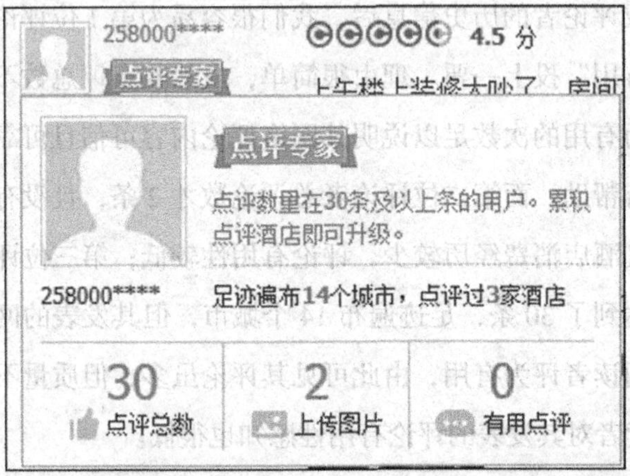

图 7–18　携程网网络评论发表人的历史信息（三）

事实上，研究者也发现了评论者的历史信息对其评论有用性存在显著影响（Mudambi 和 Schuff，2010）。陈在飞和徐峰（2014）认为评论者得到的有用投票数等历史信息显著正向影响其发表新网络评论获得有用投票的可能性。这是因为，以往发表的网络评论得到的有用投票数越多，表明其信誉水平和与产品相关的专业知识水平越高，其网络评论包含的信息不仅内容丰富，而且描述详尽准确，可靠性也越高，对潜在消费者购买决策的参考意义也越大，因而其发表的新网络评论就越有可能获得有用性投票。

2. 评论者在线资信度对有用性投票的影响

在许多第三方电商平台和网络零售商官网上发布的网络评论信息，不仅包含了信息本身以及评论次数等信息，还展示了该评论者在虚拟社区里的等级，这种等级在一定程度上代表着评论者在线资信度。如图 7-16、图 7-17 和图 7-18 所示，携程网根据消费者发表的网络评论数量进行了等级设置。阅读者在阅读该网络评论信息内容时，也会受到评论者的等级高低的影响，比如，当两位评论者就商品或服务的某一属性的评论信息刚好相反时，消费者对他们评论的有用性感知有无差别呢？此时他们的在线资信度将影响阅读者的有用性感知。

仍以携程网酒店消费者的评论为例，图 7-19 展示的是一位在线资历较深的"点评达人"及其评论，而图 7-20 展示的是一位在线资历较浅的"点评新星"及其评论。从这两条网络评论信息内容来看，评论均涉及酒店两个属性：配套设施和早餐。从网络评论情感倾向来看，点评达人是负向评论，而点评新星是正向评论。两条评论针对相同的评论内容，但情感倾向完全相反，此时的阅读者到底觉得谁的评论更有用呢？

研究表明，信息接收者对传递者的个人特质的判断及感知可信度会影响其对信息的接受程度（Fogg 和 Tseng，1999），因而，阅读者对在线资信度高的"点评达人"的网络评论的感知有用性会显著高于"点评新星"的网络评论的感知有用性，其投前者有用票的可能性也显著高于后者。

图 7-19 在线资信较深的评论者及其评论

图 7–20 在线资信较浅的评论者及其评论

【本章小结】：本章对网络评论的有用性、有用性投票两个方面的影响因素进行了剖析。有用性及其投票在当前评论信息过载的背景下，显得极其重要。越来越多的消费者重视网络评论的有用性，这已经引起了电商平台的注意，有用性投票就是因此应运而生的产物。本章对网络评论有用性及其投票因素内在机制的探讨，有利于消费者和相关企业提供更为有用的网络评论，也为商家利用网络评论进行营销提供了较强的信息支持。

第 8 章　网络评论可信度的影响因素

网购常识：一分钟教你识别真假评论 转！

在网上买东西，当然要看顾客评论。评论好的才敢放心买啊！可是在这个什么都可以伪造的年代，虚假评论更是层出不穷。作为一名普通消费者，我们该怎么辨别呢？

那么，我们来看一下几种常见的伪造评论。

一、没有详细的评论发表时间。

很多虚假的评论会只显示到日期，没有具体时间。比如 2014 年 2 月 26 日 11 点 30 发表的评论往往只显示 2014 年 2 月 26 日，而不会显示到具体的时间。切记，评论发表时间越详细说明评论越可靠。因为虚假评论很多是卖家在短时间内粘贴上去的，急于求成，很多是同时粘贴，如果显示的时间很具体，容易暴露，所以才故意模糊时间。

二、评论时间有问题。

有些评论不管什么时候看，日期都是当天的。即使是凌晨 12 点 01 分，当天的评论都能铺满屏幕。这是评论系统设置的自动更新，只需要多观察，便可发现。

三、发布者名字或者等级类似。

一些销售平台的评论发布者往往需要注册才能发表，而真假评论的辨别从这些注册者的名字和等级也可以看出一些端倪。比如发布者昵称都是妮妮、菲菲、露露等，或者 10 条评论超过一半都是三颗心、铜牌会员等，这时候你就要小心了，百分之八十的可能是虚假的评论。

四、评论内容相似。

很多虚假的评论往往出自少数人之手。而这些职业评论者都是在短时间内发表大量评论，所以评论内容大多相似，而且一般卖家都会要求代写评论者发表很长的（虚假评论按条收费），所以很多虚假评论往往是一大段一大段的好评。

这是最明显的虚假评论形式（图 8-1）：

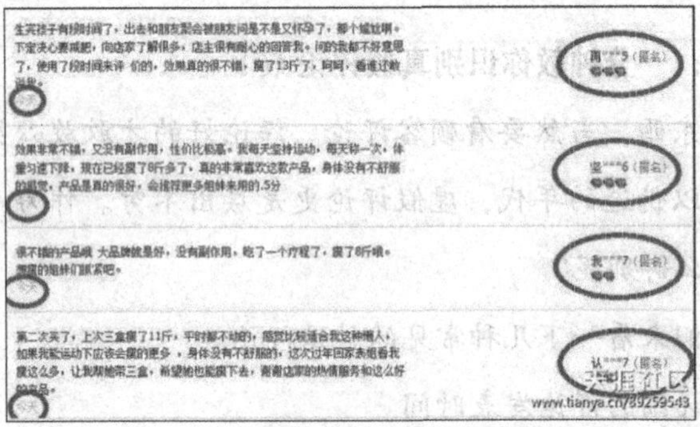

图 8-1　最明显的虚假评论形式

五、评论者发布 IP 不明。

最规范的评论除了发布时间、发布者名字、发布内容之外，还应该包含发布者所在地，即 IP 所在地，这样才能更准确地反应评论的真实性。很多虚假的评论除了刻意模糊评论时间外，还会刻意省略发布者 IP。而这些细节，一般消费者往往也会忽略，让虚假评论有机可乘。

这是最标准的评价模式（图 8-2）：

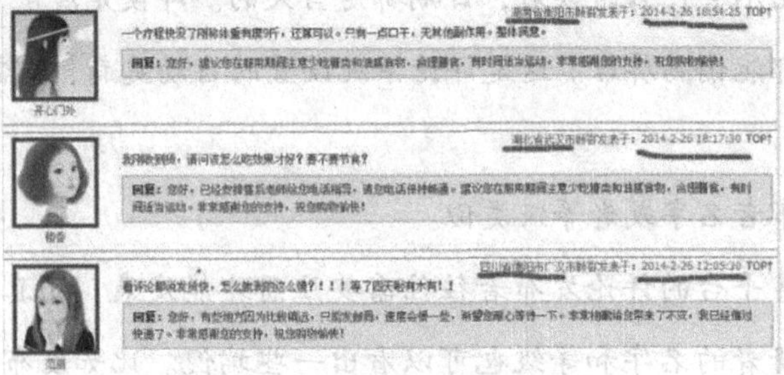

图 8-2　最标准的评价模式

以上五点是最明显的虚假评论的几大特征，也是消费者在网购时最容易忽略的。希望广大消费者在网购时理性选择，多多观察，不要被虚假评论所忽悠，确保买到称心如意的商品。

（资料来源：mideng123，网购常识：一分钟教你识别真假评论 转！. http://bbs.tianya.cn/post-no11-1909916-1.shtml，2014-04-13，2015-11-24）

消费者在网上购物看评论，不仅仅会遇到评论信息过载，面临如何判断网络评论有用性的问题，令资深“剁手党”深感头痛的，还有一个问题，那就是网络评论发表人及其评论是否可信的问题。上述案例中列举了如何判断真假网络评论的五种方法，一方面案例告诉我们如何分辨网络评论真假，另一方面也显示网上确实存在虚假网络评论的问题。

产生网络评论可信度问题主要来自三个方面的原因：一是网络的虚拟性，由于评论者发表评论具有匿名性，因此网络评论是否是真正消费者发表以及是否反映真实情况，这些都存在疑问；二是商业竞争原因，竞争者可能出于打击对手的目的，伪装成消费者发表负向评论；三是商家宣传目的，商家为了刷好评以及增加评论规模，互评及雇佣水军等不道德的行为已是屡见不鲜的潜规则。因此，研究如何鉴别网络评论的可信度，不仅能提升消费者的甄别力，也能为第三方网络平台和网络零售商提供管理建议，采用符合道德的、科学的方法管理网络评论。

当前，关于网络评论可信度的影响因素方面的研究并不多，已有的研究多从信息传播过程的说服或态度改变模型，从信源、信息内容、接收者三个方面来进行研究（郭国庆等，2010）。例如，有调查发现，网站可信度的影响因素主要是站点的发起者（信源）、接触信息（信息内容）、信息的及时性（信息内容）、服务回应时间（也属信息内容）以及站点结构（信息源）等；又如，还有学者发现影响网站可信度的因素有声誉威望（信源）、评论质量（信息内容）、接收者个人因素（接收者）（转引自郭国庆等，2010）。因此，本章也拟自信源、信息内容、接收者这三大方面讨论网络评论可信度的影响因素。

一、信源因素对网络评论可信度的影响

在网络环境下，网络评论的可信度判断指标与传统线下口碑交流的可信度判断指标具有很大的区别（见图 8–3）：线下口碑主要是熟人之间进行传播，信源可信度非常高；而线上口碑则由匿名的其他消费者发布，这些消费者是否具有真实的消费经历？其网络评论内容是否反映真实情况？其发表网络评论的动机如何？这些问题对于信息接收者来讲，都是不可知的，从而造成评论者较低的可信度。如果信息接收者对信源产生了质疑，那么无论其发表的网络评论显得多么有用，都将失去参考价值。信源因此被认为是影响网络评论可信度最重要的因素。

在网络环境下，消费者只有通过网络评论发表者的站内等级、威望、有用性投票数的规模和比例等评论者的资信度来判断信源可信度。例如，当当网对评论者设置等级和相应的会员级别（如图 8–4），携程网则提供评论者发表网络评论的总数、（网络评论）被点有用数量和上传的图片（如图 8–5），中关村在线（ZOL）则更全面地展示了评论者发表的网络评论被其他消费者点评“有帮助”和“无帮助”投票的数量，这些评论者的在线资信度都可供阅读者去参考和判断。

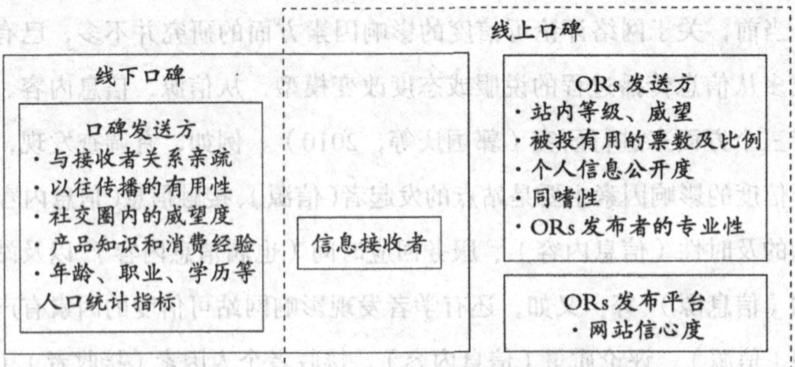

图 8–3　线下口碑和线上口碑信源可信度判断指标

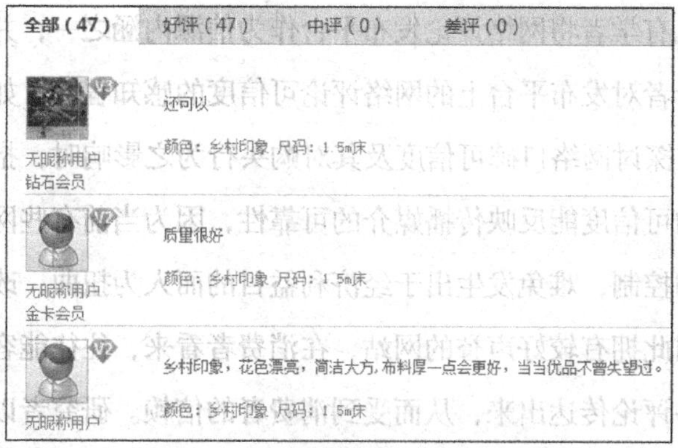

图 8–4　当当网评论者的等级

郭国庆等（2010）基于霍夫兰德传播说服模型，从信源、信息内容和接收者三个角度探索影响网络评论可信度的因素。其中，研究者将评论者的资信度作为信源因素，以向大众点评网、口碑网等 9 个网站或论坛的注册用户随机发送电子邮件的方式进行问卷调查，实证研究结论显示，网络评论评论者的资信度显著地正向影响阅读者对网络评论可信度的感知。

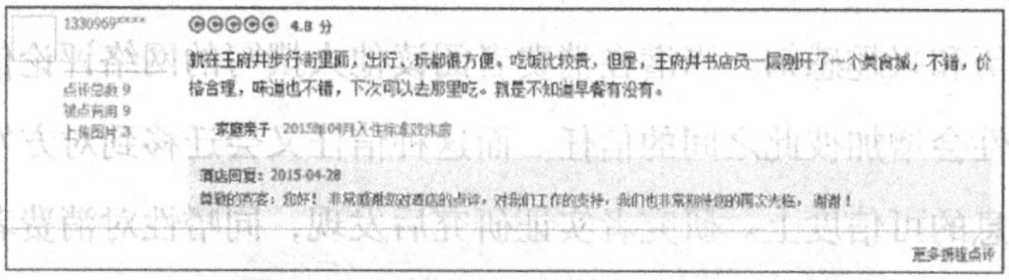

图 8–5　携程网评论者的等级

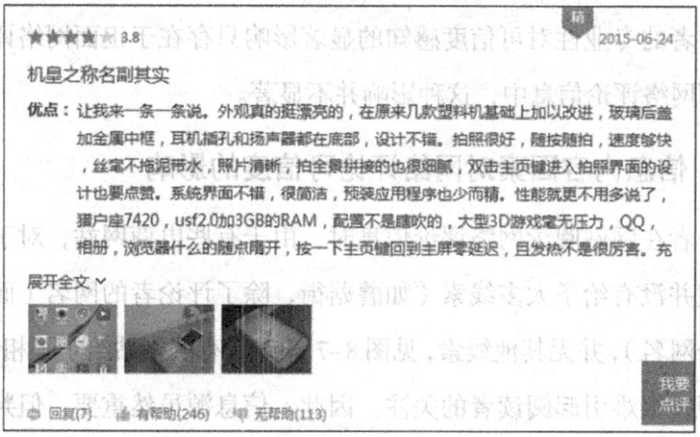

图 8–6　中关村在线评论者的等级

另外，也有学者将网络评论发布平台作为信源内涵之一，并用网站信心度来衡量消费者对发布平台上的网络评论可信度的感知程度。如李念武和岳蓉（2009）在探讨网络口碑可信度及其对购买行为之影响时，指出发布网络评论的网站的可信度能反映传播媒介的可靠性，因为当前有些网站对网络评论进行管理和控制，难免发生出于经济利益目的而人为扭曲、改变网络评论信息的事。因此拥有较好声誉的网站，在消费者看来，往往能客观、公正、如实地将网络评论传达出来，从而受到消费者的信赖。研究者以大学生为被试，以大众点评网发布的网络评论为研究内容，经过实证分析后发现：消费者对发布网络评论的网站的信心度显著地正向影响其对网络评论的可信度。

同时，李念武和岳蓉（2009）在研究中还发现，同嗜性和网络评论发布者的专业性对消费者感知网络评论可信度也有相应的影响。其中，同嗜性是指个体感知的和他人在兴趣、爱好、消费习惯及生活方式等方面的相似性，它是影响人际信任的重要因素之一。购买、消费相同产品，会形成相似的经历和兴趣感知。当潜在消费者阅读他人撰写的网络评论信息时，这种相似性会增加彼此之间的信任。而这种信任又会迁移到对方发布的网络评论信息的可信度上。研究者实证研究后发现，同嗜性对消费者的可信度感知的显著影响不仅存在，而且还不受网络评论的正负性影响。但网络评论发布者的专业性对可信度感知的显著影响只存在于正面网络评论中，而在负面网络评论信息中，这种影响并不显著。

二、信息内容因素对网络评论可信度的影响

消费者在网站阅读网络评论信息时，由于有些电商网站，对于评论者的资信度并没有给予太多线索（如蘑菇街，除了评论者的网名（而且只是显示部分网名），并无其他线索，见图8–7），或者有的网站给予了相关信息，但不直观，很难引起阅读者的关注。因此，信息源虽然重要，但判断起来较为困难。对阅读者来讲，最直观、最容易引起注意的还是信息内容本身。

那么信息内容有哪些特征对网络评论可信度存在影响呢？

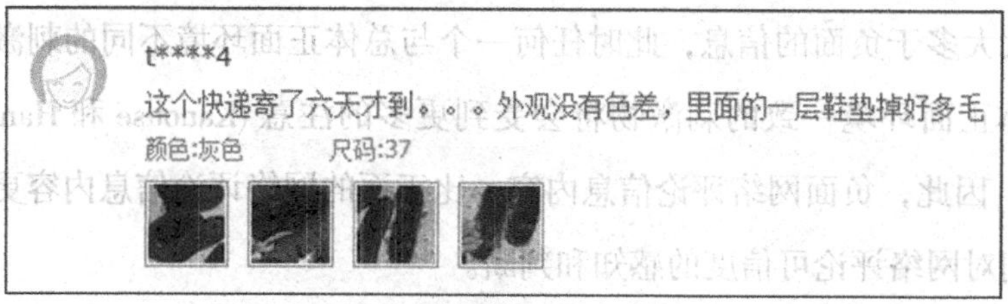

图8–7 蘑菇街评论者信息

（一）网络评论质量

此处网络评论质量主要指其信息内容相关的属性特征，具体而言，是指网络评论信息内容的真实可靠性、与涉及的产品或服务的相关程度、对其他消费者购买的有用性等。

郭国庆等（2010）研究结果表明，网络评论内容的质量对感知可信度显著的正向影响，是模型中所有变量对可信度的影响中最大的。换言之，消费者对网络评论的感知可信度主要源自于对网络评论信息内容的判断，即网络评论内容质量越高，消费者对其感知可信度也越高。基于网络评论质量指标的具体内涵可知，其内容质量越高，即表明网络评论内容真实可靠性越高，与网络评论涉及的产品或服务的相关度越高，细节描述越详细，网络评论包含的有用性信息就越多，那么，消费者对该网络评论的可信度感知就越强烈。

（二）网络评论结构

网络评论结构，也称为网络评论的情感倾向的正负性，是指网络评论原创发表者基于自己在购买、消费、处置过程中的体验和感受，原创并发布的关于产品或服务或其生产者、销售者或提供者的评论的正向性情感倾向。在“说服效应”研究领域中，人们发现，相对于正面的信息，接收者对负面信息的关注度更高 (Ahluwalia 和 Shiv，1997)。这是因为，相对于正面的信息，负面的信息更能让信息接收者产生思考 (Rozin 和 Royzman 2001)，而且负面信息在帮助人们进行信息判断时（如可信度）具有更强

的诊断性 (Ahluwalia 和 Shiv 2002)。在我们周围的商业氛围中，正面的信息总是大大多于负面的信息，此时任何一个与总体正面环境不同的刺激物比与总体正面环境一致的刺激物将会受到更多的注意 (Kanouse 和 Hanson，1972)。因此，负面网络评论信息内容，比正面的网络评论信息内容更能影响人们对网络评论可信度的感知和判断。

回到现实中来，在网络购物环境中，我们常常看到在特定产品大量的网络评论信息中，正面的网络评论信息在数量规模上占据绝对优势。如图 8–8 所示，该商品累计接收 312 条评价（即累计网络评论信息共 312 条），其中正面网络评论信息计 303 条，负面网络评论信息仅 9 条。在正负面信息数量差异如此巨大的环境里，正面信息已经超载，对信息接收者影响的边际效应递减；而负面信息只有难得的 9 条，自然更容易引起信息接收者的注意，从而更能引发信息阅读者对网络评论信息内容可信度的判断。

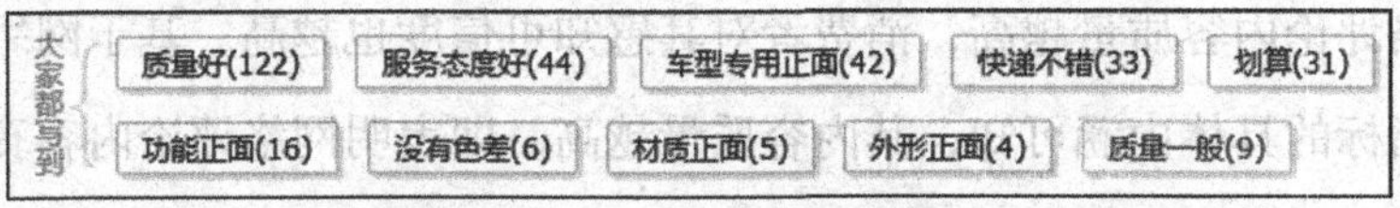

图 8–8 淘宝网某商品网络评论信息正负性分析

郭国庆等（2010）虽然在研究中没有发现负面网络评论信息对消费者可信度感知的显著影响效应，但研究者也承认，造成这种结果可能是由于以下原因：（1）模型自变量过多，网络评论的结构可能与其他变量相关，因而没有测出网络评论结构单独的影响效应；（2）研究者搜集的网络评论信息多为正面网络评论，偶尔一条负面网络评论信息也被淹没在正面评论之中，没有被阅读者发现；（3）该研究采用的是问卷调研，没有对网络评论结构进行操控。研究者也建议后续研究使用实验法对网络评论结构进行操纵，效果可能会更好些。

因此，总体来看，网络评论结构对可信度的感知是负面的网络评论影响效应大于正面的网络评论。

（三）网络评论表现形式

网络评论表现形式是指网络评论内容偏向于主观描述还是客观陈述。由于网络评论是由已有购买或消费经历的消费者原创发表，因此在阅读者看来，主观性越强，表明其越有可能拥有实际的购买和消费经历，否则无法表达出主观感受；而客观陈述和商家提供的商品信息相差无几，让阅读者无法感知其是否拥有购买和消费经历。因此，相对于客观陈述的网络评论信息，主观感受型的网络评论对阅读者可信度感知更为强烈。

相关理论研究也佐证了上述结论，孟幻（2014）以 booking 网站上的旅店网络评论信息为例，进行文本挖掘并对相关数据进行实证研究后发现，网络评论表现形式的主观倾向对消费者的可信度感知具有显著的影响，即网络评论内容越倾向于主观形式，消费者对网络评论可信度感知就越强烈。

三、信息接收者因素对网络评论可信度的影响

崔海霞（2012）对此进行了综述，现有研究主要从人口统计变量、信任倾向、接受者与信息发布者的关系强度、网络使用、网络依赖、网络知觉有用性、网络知觉易用性等方面探讨了信息接收者因素对网络评论可信度的影响。本章在崔海霞（2012）研究基础上进行扩展，评述如下：

（一）人口统计变量

关于人口统计变量对网络评论可信度的影响，现有的研究主要包括性别、年龄、教育程度、收入等变量。

Johnson 和 Kaye（1998）在比较线上和线下信息源可靠度时发现，男性对网络信息的信任倾向小于女性，后者更容易受线上信息源的影响；而年长的人比年龄小的人更容易质疑在线信息；教育水平也显著正向影响其对在线信息的质疑态度，即相对于教育水平较低的人，教育水平较高的人更容易对线上信息产生怀疑；但信息接收者的收入情况对线上信息的可信度并无显著的影响。张明新（2007）从网民的视角考察网络信息的可信度

时也发现了相同的现象。可能的原因是，就性别而言，女性比男性更为细心和感性，因而更习惯于在线搜索相关信息支撑自己的决策；而男性则更为理性，强调自己的判断，因此对网络信息的信任感知弱于女性。年长的人，由于其接受新事物的速度较慢，加之操作和使用网络的速度和灵活度均不如年轻人，对网络充满了未知和质疑，因而更容易怀疑在线信息。教育程度越高，考虑的问题越多，思考越全面，更容易把简单问题复杂化，从而其对在线信息的怀疑度也更高。

（二）信任倾向

信任倾向是个体人格中展现的对他人是否信任的一种倾向。信任倾向越高的个体，越容易相信别人或事物，这好似信任倾向越高的越相信人性本善；而信任倾向越低的，越相信人性本恶。信任倾向是一种与生俱来的人格特点，很难改变，就像曹操生性多疑（信任倾向较低），听到磨刀声就怀疑别人要杀他；而刘备敦厚信人（信任倾向较高），只要有才，就大胆使用。在网络环境背景下，徐琳（2007）、李念武和岳蓉（2008）、孙曙迎（2008）均在研究中发现了信任倾向对网络评论可信度感知的显著正向效应。

（三）网络使用特征

孙曙迎（2008）发现网络使用特征显著正向影响消费者对网络信息的可信度感知。根据媒介可信度理论的观点，当信息受众对媒介使用量增加时，通常其对该媒介的可信度感知也会上升。在网络环境背景下，相关理论研究也证实了这一点，即当个体对网络（即媒介之一）使用越多，则其越相信网络上发布的信息。这可能像我们日常所说“日久生情”，因为使用越多，对其越熟悉，未知就越少，从而对其更为信任。就像许多消费者在第一次网上购物前，对在线购物的风险感知非常大，有些排斥。但一旦真正经历过一次网络购物后，发现风险并没有想象的那么大，只要严格按规范流程操作，是可以保证交易安全的，就能享受在线购物带来的方便、快捷和乐趣。

Flanagin 和 Metzger（2000）在探讨在线信息可靠度感知时，用网络经验（Experience with the Internet）来代表网络使用程度，研究发现重度使用者对网络信息的可信度感知高于低度使用者，即网络经验显著地正向影响消费者对在线信息的可信度感知。

【本章小结】：本章主要阐述了影响消费者对网络评论信息可信度感知的影响因素。具体而言，主要从信源因素（包含信息发布者在网站内的等级、威望及其发布网络评论被投有用的票数及比例、个人信息公开度、与阅读者的同嗜性，以及发布者的专业性和网站的可信度）、信息内容因素（包含网络评论质量、结构和表现形式）、信息接收者因素（包含人口统计变量、信任倾向和网络使用特征）这三个方面进行了概述。这些研究结论对消费者如何辨别网络评论是否可信、相关网站和商家如何提高自家网站或商品的网络评论可信度均有重要的指导意义。

第 9 章　追加网络评论的效应

买家在三个月内可追加评价 淘宝新规让不少卖家遭了刁难

卖出商品已经一个多月了，明明是个好评的，还评价说“东西很好，很漂亮”，结果眼下被买家追加了一段评价，说商品有一堆的毛病。当卖家与他协商如何删除这个评价时，对方却来了句“给点诚意，300~500 吧”。卖家顿时石化。

一位开电器用品网店的卖家告诉记者，去年 10 月，淘宝调整了新规则，买家在三个月内可以追加评价，本来是让大家更好地反映产品，结果没想到冒出了“恶意追评人”。

“掌柜的，随便给个三五百吧”

前段时间，网上一家卖家电产品的店铺掌柜就碰上了一件烦心事。

确认收货 10 多天后，突然看到原先的好评下面突然多了一段话，买家表示对产品的外壳、LOGO 等多处地方不满意。很注意维护小店信誉的卖家连忙在旺旺上和这位买家联系：“为什么这么评价啊？”

过了一会，对方跳出了一句话：“给点诚意。”这是什么意思？店铺掌柜有点茫然。紧接着对方又发来一句：“随便给点钱，300 到 500。”

这时掌柜才明白，原来这才是对方的目的。“您的意思是说给您 300 到 500 元就帮我们删除这个追加吗？”“是。”

“好评变恶语，这是怎么都没想到的。”掌柜很郁闷地说。

“好不容易才搞定了中差评，又得提心吊胆地担心这追加评论。追加评价是对我们提出了服务和商品方面的高要求，但是碰上恶意的追评人，可是伤不起啊。”一位四钻的日用百货卖家叹气说，“还带三个月有效期，害怕啊。”

记者了解到，追加评价是指双方评价完成并生效后的三个月内，买家将有一次追加评论的机会，仅追加评论，不涉及好中差评以及店铺动态评分。

卖家要会“解释”，不要老想着花钱消灾

“我们也相信这个追加评价的初衷是好的，这个追加评价就是针对一些短时间看不出问题而存在一些问题的商品，让买家多个机会来反映。”卖家程先生表示，“我也看到不少买家甚至是追加夸赞的。”

“可没想到竟然让一些人有机可乘。”卖家小黑认为，恶意追评人就是利用有的卖家不熟悉规则，愿意出钱解决中差评的心理，借着追加评价，迫使商家出钱私了。“因为追加评价不属于恶意评价评判，因此官方不用介入处理，而这个评价就在那么显眼的位置放着，卖家心里别提多难受了。”

有些店主为了保住店铺的信誉呀，就屈服了，相信给点钱就能了事，其实没那么简单。“我研究了一下，删除评价仅限中差评，也就是说好评不可删除。”一位钻研了规则的卖家支招，所以在好评后追恶语的，大家不要相信可以修改或者删除。

不过，对于让不少卖家纠结的“追加评价”，买家们则是支持的为多。买家风中雨表示：“追加评价，对我来说我觉得很好。我是一个买家，以前我买东西一般都是到货付款并好评，我从没给人差评，可有的店家自从付款评价以后，东西在保修期间，问他们理都不理。”在他看来，“追加评价”无疑给卖家多了层约束，让买家购物更有保障。

昨天，记者从淘宝网了解到，追加此功能的目的显然是为了更好地维护买家的利益，尽量控制卖家，使其卖出产品后提升产品的服务和质量。不过记者了解到，在“追加评价”约束卖家的同时，也给予了卖家一个解释机会，因此遇到这类的“追评人”，卖家们只有好好把握这个“解释机会”。

（资料来源：北方网，《买家在三个月内可追加评价 淘宝新规让不少卖家遭了刁难》，2012-1-16，http://news.enorth.com.cn/system/2012/01/16/008503651.shtml）

在线购物，发表评论已成为“剁手党”例行公事的随手之举。它不仅能表达自己对此次购物的态度和心情，还可以给其他消费者带来参考意见。根据发表次数，网络评论一般可分为初评和追评。初评是消费者在购买产品或服务后首次发表的评论，后者则是第一次评论之后，消费者经过一段时间的消费使用后的再次评论。

初评一般能反映消费者刚刚购买时的情况，比如物流、包装、实物与网上宣传的一致性、产品或服务的初始质量和功能等，目前初评是所有电商网站的标配。然而，初评也有缺陷，因为它一般只能感知到外观和外在质量问题；而许多商品的缺陷和质量问题比较隐蔽，没有一定时间的使用和消费很难发现。因此仅仅凭购买时的产品或服务的初始质量就判定其内在质量，难以令人信服和感知有用。这就容易让那些质量不易鉴别的产品钻空子，做表面文章，赚足了好评。

在这种背景下，追评应运而生。追评与初评不同，是消费者在初评之后，经过若干天（如淘宝规定为3个月，即180天之内）的消费和使用后，对产品或服务的体验感受、产品功能等方面全面而深入地再次评论。这种评论的内容基于消费者长时间的体验而生成，更容易发现产品或服务的内在质量水平，内容也更为客观和真实，因而对其他消费者的购买决策的参考价值也更大。如果追评是好评，那么即使初评是差评，其他消费者也能接受；反之，如果追评是差评，那么即使初评是好评，其他消费者也有可能拒绝该产品。正因为如此，无论是消费者还是商家，都认识到了追评的效力，都十分重视对追评的管理和应用，本章引例就充分反映了这个问题。因此，本章将讨论追评对消费者的有用性感知和购买意愿的影响，以期为交易双方进一步认识追评的意义和价值，做好相应的管理措施提供建议。

一、追加网络评论概述

当前，初评是许多电商网站的标配。但追评只有部分电商网站提供相应的入口，如淘宝、苏宁、中关村在线、国美在线等，[1] 其中，以淘宝的追评最为规范和典型。下面，以淘宝网页上的追评作为载体，探讨追评的内涵特征。

（一）追评的含义

追加评论，简称追评，是消费者在线购买并进行初评之后，经过一定时间后再次就初评以来的消费和使用体验，对该产品或服务的使用情况、质量、售后服务等进行再次评论。追评是对初评的补充说明，因为初评时可能还没有消费和使用产品，因而没有发现该产品内在质量水平，只能就购买体验和产品的外观等进行评价。但是，“看到的”可能和“用了的”的体验是不一致的，因此初评内容较浅，甚至不准确。于是，淘宝网于 2012 年 4 月为弥补初评不足而设置了追评这种特有的评论形式。如图 9–1 所示，该消费者于 2015 年 9 月 12 日在收到商品后进行了初评，12 天后进行追加评论。

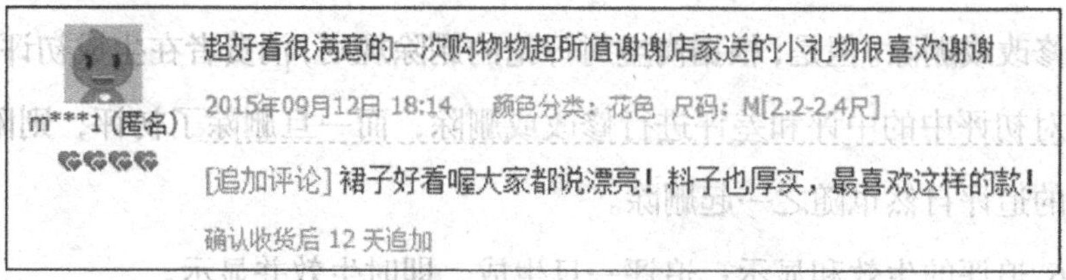
超好看很满意的一次购物物超所值谢谢店家送的小礼物很喜欢谢谢
2015年09月12日 18:14　颜色分类：花色　尺码：M[2.2-2.4尺]
m***1 (匿名)
[追加评论] 裙子好看喔大家都说漂亮！料子也厚实，最喜欢这样的款！
确认收货后 12 天追加

图 9–1　淘宝网页上的追加评论

（二）追评的特征

仍以淘宝为例，淘宝对追评有自己明确的和规范的管理规则，充分体现了追评的属性特征。

---

[1]　有些电商网站追评形式采用“回复”等字样，实质上也属于追评，故本书将其纳入追评范畴。

具体而言，淘宝的追评有以下特征：[1]

1. 追加评论入口开放时间段：交易成功后 180 天内。淘宝之所以这样规定，是为了实现设置追评的初衷，毕竟许多商品的质量水平需要较长时间的使用，而且初评的结论并不一定反映了真实情况，有可能是由于初评时消费者对商品使用情况不熟悉，而对其质量产生了误解。因此，设置 180 天的追评时间是比较合理的。

2. 追加评论入口开放时间点：买家完成评价后。即消费者完成初评之后，就可以进行追评。如果消费者在交易成功且卖方进行了评价后 15 天内没有进行初评，系统将默认为初评为好评。此后，消费者也可以进行追评。

3. 追评次数、内容及形式：对于特定的一次交易，每位消费者有且只有一次追加机会，而且追评的形式只能是以文字形式表达，不再使用好中差评等等级形式；追评的内容只涉及产品或服务，不涉及店铺动态。

4. 卖家的解释权：消费者的追评生成后，卖家也会随之多一次解释的机会，但解释权行使期只有 30 天，即从追评生效开始后的一个月内，卖家有权进行解释和回复。

5. 追评的修改和删除：在淘宝网上生成的追加评论，买卖双方均无法进行修改或删除。但是，根据淘宝对评论的删除规则，消费者在生成初评后，可以对初评中的中评和差评进行修改或删除，而一旦删除了初评，则附于其上的追评自然也随之一起删除。

6. 追评的生效和显示：追评一旦生成，即时生效并显示。

7. 交易双方如无评价，则没有追加评价的入口。评价不完整，例如只有评价没有动态评分也被视为无评价；但系统默认好评的，仍然有追评入口。

---

[1] 同时参考了淘宝网关于评论的管理规则以及知乎用户的总结（http://www.zhihu.com/question/21016706）

8. 追加评论限制为 500 个中文字符。

从淘宝追评规则来看，上述追评特征至少产生如下三个方面的影响：一是追评属于二次评价，其有用性和可靠性比初评强，从而其威力也比初评更为强大；二是买方享有 180 天超长时间的追评权力，无形之中给卖方产品和服务质量施加了较大的压力，迫使卖方诚信经营，善待顾客；三是追评一旦生成，买卖双方均无法修改，压缩了部分卖家通过不道德手段修改或删除追评的空间，提升了追评的价值和网站的形象。

（三）追评者及被追评商品的特征

了解追评者的特征，对于相关企业引导和管理追评具有重要的意义。观察现实中的追评情况，如图 9–2 和图 9–3，二者均为淘宝网现实的评价数据。从图中数据可看出，追评数量占累计评价数量并不是特别多，少的只有 2% 左右，多的也只在 22% 左右。因此，有必要对这部分喜欢发布追评的消费者群体特征以及相应的被追评的商品特征进行探讨。

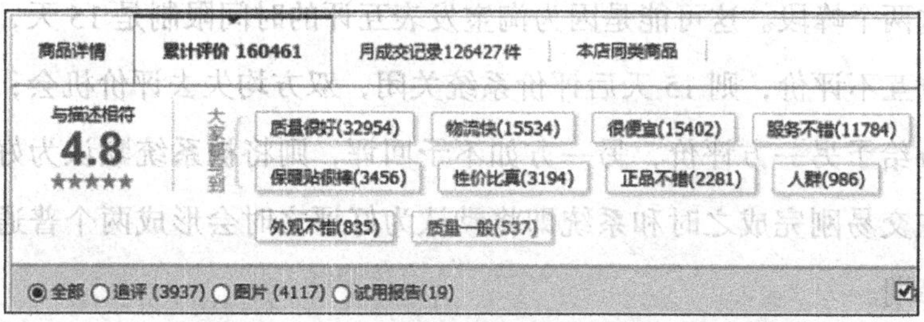

图 9–2　追评占累计评价的数量（一）

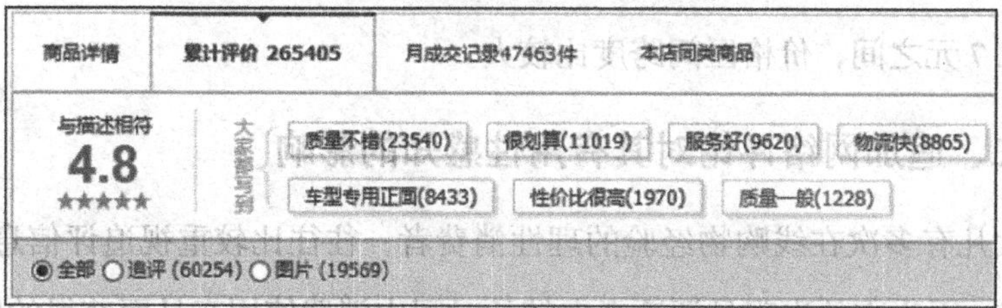

图 9–3　追评占累计评价的数量（二）

李宗伟等（2014）运用复杂网络的方法，对淘宝网站上化妆水品类下追加评论的群体，构建了一个二分网络模型，探讨了追评的网络分布特征和追评发布者的主要群体特征。研究发现，追评者及被追评商品具有以下特征：

1. 追评者的平均年龄：主要分布在 26 到 30 岁之间，且以女性为主。

2. 追评者的信用等级：主要集中在 3~5 星，即他们少则在线完成了 40 笔交易，多则在线完成了 250 笔交易；从而也说明他们有一定购物经验，但经验有限，这也正是导致他们高产评论的原因。

3. 追评者发表评论的积极性：比普通评论者[1]发表评论的积极性要低，但其评论的质量比普通评论者高，主要表现就是得到其他消费者有用性的投票数更高。

4. 追评的时间分布：追评在时间分布上呈现出长尾特征，即时间越近，追评越多；时间越久，则追评越少。这可能是由于淘宝追评时间期限较长，后期消费者可能会随着时间的流逝而失去评论的兴趣和动力。

普通评论则呈现出明显的两个高峰时段，交易完成和评价系统即将关闭这两个峰段。这可能是因为淘宝发表互评的时间限制是 15 天，即如果双方互不评价，则 15 天后评价系统关闭，双方均失去评价机会；而如果一方给予另一方评价，另一方如不予回评，则将被系统默认为好评，因此在交易刚完成之时和系统即将默认为好评之时会形成两个普通评价的高峰期。

5. 被评论商品的价格分布：被追评商品的平均价格主要分布在 27. 8 到 131. 7 元之间，价格区间跨度比较大。

二、追加网络评论对其有用性感知的影响

大凡有多次在线购物经验的理性消费者，往往比较重视追评信息的价值意义。因为它的出现是评论者在较长时间内消费使用产品而获得的体验，对其他消费者具有更高的有用性。一般来讲，追评信息应该比初评信息具

[1] 本书所指的普通评论，是指不带有追评的评论。

有更高的有用性，但这个逻辑推理是否成立呢？另外，现实中的追评形式多样，如追评和初评有时态度一致，即初评是好评（中、差评），追评也是好评（中、差评）；但有的追评和初评前后矛盾，如初评好评，追评却中评或差评，或者初评中评或差评，而追评则变成好评。这些不同情形下的追评，其对消费者有用性感知是否存在差异？最后，追评时间也有长短之别，那么时间间隔长短不一的追评是否也会影响其有用性感知？

王长征等（2015）对上述问题进行了深入研究，下面，本章基于他们的研究成果，对上述问题一一进行讨论。

（一）追评对有用性感知的影响

图 9-4 是没有追评的网络评论，而图 9-5 是有追评的网络评论。对二者进行简单比较，我们不难发现二者的区别：相对于无追评的网络评论而言，有追评的网络评论，其追评和初评相得益彰，交相辉映，要么能展示更多的内容，要么能从时间纵向上确认和强调产品或服务的某项属性。因此追评能使阅读者对网络评论的有用性产生更强的感知效应。

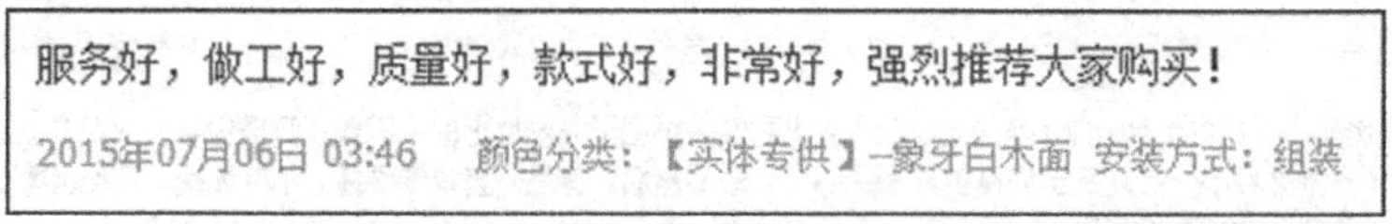
服务好，做工好，质量好，款式好，非常好，强烈推荐大家购买！
2015年07月06日 03:46
颜色分类：【实体专供】-象牙白木面 安装方式：组装

图 9-4　无追评的网络评论

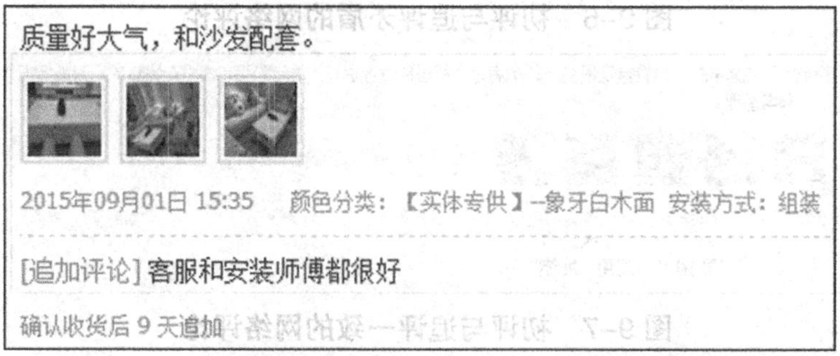
质量好大气，和沙发配套。
2015年09月01日 15:35
颜色分类：【实体专供】-象牙白木面 安装方式：组装
[追加评论] 客服和安装师傅都很好
确认收货后 9 天追加

图 9-5　有追评的网络评论

王长征等（2015）实证研究结果也佐证了上述推理。研究者们选取智能手机作为目标产品，并直接从淘宝网的商品评价页面截取评论图片，进行实证研究。同时为了降低品牌、价格等因素对被试的影响，实验使用图像编辑软件将上述因素进行模糊化，实验中只清晰呈现所选评论。最后研究结果显示，相对于只含一次性评论的网络评论，包含追评的网络评论对消费者的有用性感知的影响要高些。研究者将原因归纳为，与只含一次评论的网络评论相比，追加评论中的初评和追评同属一人且时间存在一定间隔，表明了追评是实际消费之后的评价，不仅增强了网络评论的真实性，而且提升了其有用性感知。

（二）初评与追评矛盾性和一致性对有用性影响差异

图 9-6 显示，该消费者初评和追评明显存在矛盾性，即初评是好评，然而，使用 11 天后，其态度发生巨大变化，对产品评论由好评变成差评。同时，再看图 9-7，此消费者初评和追评的态度基本一致，即均为好评。那么这两条均含追评的网络评论，谁对消费者的感知有用性影响更大？

装修了~第一次在网上买这么大的东西，开始还是有些担心的，今天收到货后没想到东西出奇的好，给了我一个惊喜，没有一点划痕，茶几很不错，够宽、够大，我喜欢！另外感谢客服安妮的耐心、专业的服务，给你们店点赞！

2015年06月23日 16:58　颜色分类：【实体专供】-象牙白木面　安装方式：组装　有用（0）｜提问

[追加评论] 在收拾沙发的时候突然发现沙发上有很多小虫子，图片上的小黑点儿就是虫子，有很多，消灭了一批之后不一会儿又出来很多，太恶心了，联系售后，售后一直推卸责任，不给处理，不给回复，大家不要买他们家的家具。

确认收货后 11 天追加

图 9-6　初评与追评矛盾的网络评论

质量出乎想象的好，没有丝毫损伤。非常满意，邻居朋友都说好，推荐购买。客服安妮热情周到诚恳细心，非常感谢。

2015年06月13日 12:58　颜色分类：【实体专供】-象牙白木面　安装方式：组装　有用（2）｜提问

[追加评论] 漂亮时尚结实耐用，推荐购买。

图 9-7　初评与追评一致的网络评论

直观上看，初评与追评矛盾时，更能引起阅读者的关注，而且二者的矛盾也充分说明该产品的初次判断和使用后的判断存在差异，能提供更为新颖的、全面的有用信息供其他消费者参考。因此消费者对其有用性感知必然会大于初评与追评一致的情形，即此时初评和追评能形成 1+1>2 的效应。而当初评和追评一致时，除了确认和加强之前初评的判断外，并没有提供新的信息，而且第二次提供相同信息，其有用性感知必然会递减，即没有形成 1+1>2 的效应。当然，这种逻辑推理只是一种朴素的观点，事实上已经有学者对此进行了实证研究。

王长征等（2015）运用实验法进行研究发现，相对于初评与追评一致的情形，当初评和追评矛盾时，消费者对网络评论的感知有用性更为强烈。研究者运用归因理论和认知失调理论进行了解释，这是由于初评与追评矛盾时，阅读者可能会把这种矛盾更多地归因于产品因素，而不是归因于评论者个人因素。因为人们一般都有关注自己形象的动机，即使是在虚拟环境里，人们也不愿表现出善变、出尔反尔等自我否定的、有损自己形象的特征。因此对于矛盾评论，更多地归因于外在产品引发，而一致评论则可能是由个人因素引起。另外，为了避免出现认知失调，阅读者也不会倾向于将矛盾评论归因为评论者的主观因素。总而言之，消费者倾向于将矛盾评论归因于外在产品因素，而将一致评论归因于个人因素，从而导致矛盾评论的有用性感知显著高于一致评论。

（三）追评与初评时间间隔的调节作用

追评是在初评之后同一消费者对同一产品或服务进行的第二次评论，因此追评与初评之间就存在着时间距离。由于追评是在收到产品进行消费之后所做的评价，因此其有用性比初评高。而追评的时间距离长短，可能也会影响消费者对网络评论有用性的感知。

以图 9–8 和图 9–9 为例，二者均为淘宝用户对同一书籍进行的评论，且都含有追评。但二者追评时间间隔不同，图 9–8 是收货 2 天后进行的追评，而图 9–9 是收货 23 天后才进行的追评。对于一件商品而言，一般来说，使用时间越长，越能发现商品的品质的优劣好坏。以书籍为例，可能 2 天内只看了该书的前面几页，此时就进行追评，难免会出现以偏概全的情况。

同时，根据淘宝追评规则，每位消费者对同一商品只有一次追评机会，因此，当这位消费者在阅读完全部内容后，对该书的整体印象可能会与前面只读几页的态度有所差异，然而，他已经丧失了再次追评的权力。因此，在其他消费者看来，追评与初评间隔期过短的评论，可能反映的情况并非评论者最终的态度，从而影响对该评论的有用性感知。

初次评价：　纸质不错

2014.10.06

收货2天后追加：　是本值得珍藏的好书

图 9–8　淘宝追评（一）

初次评价：　书包装还可以，就是纸质和印刷太差，有点失望，还没看，看完再品论

2014.07.28

收货23天后追加：　书的纸质和字感觉没有以前买的书好，越来越节约成本了，比较差劲，内容还是很不错的，值得学习！

图 9–9　淘宝追评（二）

而图 9–9 是在收货后 23 天才进行追评，情况则有所不同。23 天一般可以阅读完一本书，即使没有全部阅读，也应该阅读了大部分，此时再进行追评，就能比较全面和准确反映该书的内容质量情况了。因此，相对于图 9–8 那种追评间隔期较短的评论的有用性感知，对阅读该评论的消费者而言，对图 9–9 较长间隔期的追评的有用性感知必然要大些。

王长征等（2015）对此也运用实验法进行了研究探讨，结果显示：当追评与初评时间间隔较远时，相比两次评论一致的网络评论，两次评论矛盾的网络评论有用性感知更为强烈；但当两次评论的时间间隔较近时，矛盾评论和一致评论的有用性感知并无显著的差异。这种矛盾评论的感知有用性更强的结论，并不受追评是正向还是负向的影响，这对网络评论存在负向偏差现象是一种有价值的理论补充。研究者也运用归因理论进行了解释，由于追评与初评存在一段间隔时间，而这段时间的长短可以直接地反映评

论者对购买产品的熟悉程度、观察了解和描述该产品品质的资历的深浅和能力的大小，进而增强了其他消费者对该追评的外在产品的归因倾向，最终增强了消费者对评论的有用性感知。

当然，上述研究结论还存在一定局限性，比如，初评与追评的时间间隔远近，在现实中很难操作，而且有可能由于产品和消费者类型不同，消费者对时间间隔远近的感知也会有所差异，这些都还有待未来进一步的探讨。

但是，追评对有用性感知的影响更为显著和强烈是不争的事实，因此相关企业应当对此有着清醒的认知和相应的应对策略。具体而言，第一，商家应采取合理、有效的引导和管理措施，积极促进消费者发表追评，强化本企业产品评论的有用性感知。第二，由于矛盾评论比一致评论的有用性感知强，因此当消费者出现中评和差评时，企业不应置之不理或进行攻击；相反地，应当积极应对，努力平复消费者的不满意，让消费者满意之后再进行追评，而追评所形成的好评对其他消费者而言，具有更强的有用性感知，是完全可以覆盖先前的差评所带来的负面影响。第三，由于初评与追评的时间间隔远近对消费者的有用性感知存在显著的调节作用，因此可以给消费者留足消费产品的时间，而后再进行追评提醒，效果比及时追评要好。

三、追加网络评论对购买意愿的影响

追评对于消费者的感知有用性具有显著的影响是毋庸置疑的，然而，根据技术接受模型（见图 9-10）观点，如果我们把网络评论看作一种在线信息系统，那么消费者对其的感知有用性可能会直接或间接影响其购买意愿。此时，有一个问题值得思考，追评是否会直接对消费者的购买意愿产生影响呢？许多学者对此进行了多视角的探索，得出了一些有价值的结论。

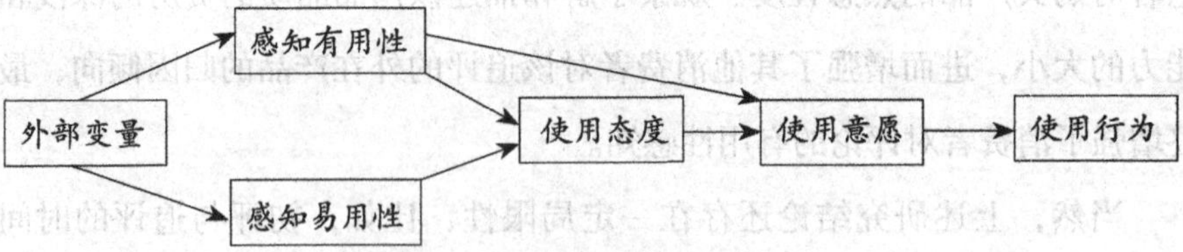

图 9–10 技术接受模型（TAM）

资料来源：Davis, 1989

（一）追评与初评对购买意愿的影响比较

如前所述，追评比初评更能影响消费者的有用性感知。这是因为，追评能给予消费者的感觉就是追评者是在实际消费者之后才发表的评论，与初评相比，追评不仅更为真实、可靠，而且更为全面和深入。事实上，这种真实、可靠、全面和深入的感知，不仅能提升消费者的有用性感知，还能直接为消费者的购买决策提供一手的、丰富的资料，从而直接影响消费者的购买决策。

沈甜甜（2015）的研究结论也支持这一观点。该研究以淘宝网上的评论为例，运用实验方法，经研究发现，相对于初评，追评对消费者的购买意愿的影响更为显著。研究者解释，可能的原因是，追评是发表者亲身体验后的感受，其内容更为真实可信。这点也与我们的日常生活比较吻合，许多“剁手党”在网购时，往往直接查看追评，再决定是否购买。

（二）追评与初评的情感倾向关系对购买意愿的影响

追评与初评的关系可分为四种（如图 9–11）。追评与初评情感倾向相同，又可细分为积极的追评和积极的初评、消极的追评和消极的初评；追评与初评情感倾向不同，又可细分为积极的追评和消极的初评、消极的追评和积极的初评。

根据上述观点，相比初评，追评对消费者的购买意愿更为强烈和显著，因此，无论初评的情感倾向是正面的还是负面的，积极的追评均能正向增强消费者的购买意愿；反之，只要追评是消极的，那么无论初评是积极还是消极，消费者的购买意愿都会下降。另外，如果追评和初评的情感倾向一致，当二者均为积极时，追评对消费者购买意愿的正向增强效果将达到峰值；而当二者均为消极时，追评对消费者购买意愿的负向减弱效果也将达到峰值，甚至可能使消费者完全失去购买意愿。沈甜甜（2015）的实证研究也得出了类似的结论，有力地支撑了上述观点。

追评 \ 初评	积极	消极
积极	积极初评 积极追评	消极初评 积极追评
消极	积极初评 消极追评	消极初评 消极追评

图 9–11　初评与追评的情感倾向

（三）追评放置位置对购买意愿的影响

淘宝现有的追评放置位置有两种排列顺序，一种是将全部的评论按时间顺序排列，不论其是否含有追评或图片（如图 9–12 所示）；另一种则是将追评单独进行排列，即只显示有追评的评论，再将其按时间顺序排列（如图 9–13 所示）。那么，相同一条评论（含追评），放在全部评论排列中和放在追评排列中，对消费者的购买意愿影响相同吗？

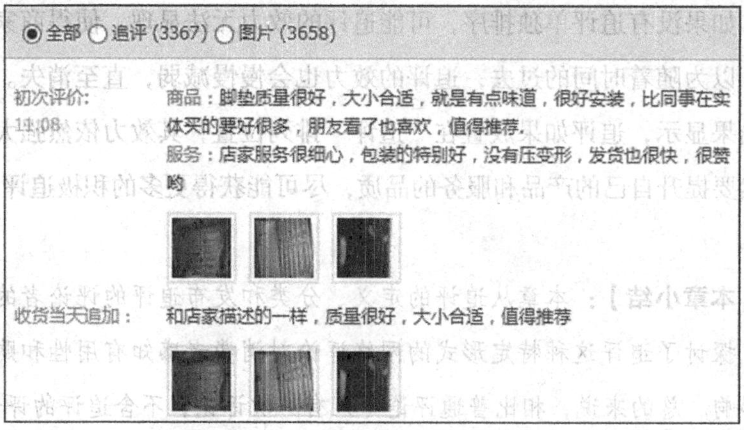

图 9–12　全部评论按时间顺序排列

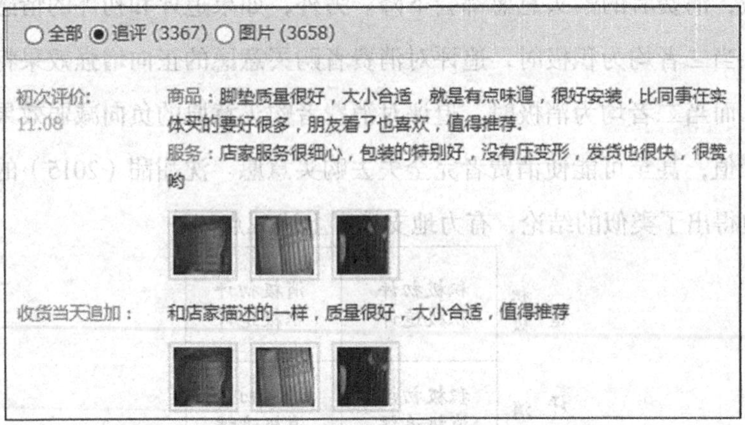

图 9-13　仅将含有追评的评论按时间排序

如果将追评放置在所有评论中按时间进行排序，那么它有可能会由于时间久远被埋没在大量普通评论之中，失去其追评影响大于普通评论的效应；反之，如果将追评放置在追评排序之中，一般来讲，由于追评数量不大，该追评可能会被消费者搜索并阅读，从而发挥其更强的影响力。

何晶璟（2014）通过问卷调查方式，也对此问题进行了实证研究，结果显示：无论追评的情感倾向如何，将其放置在追评位置的影响效应要显著高于放在全部评论位置。淘宝 2012 年实施了追评制度，并将追评按全部评论排序和追评单独排序进行放置，使得追评对商家的约束力进一步增强了。如果没有追评单独排序，可能追评的效力无法显现，使得商家心存侥幸，以为随着时间的过去，追评的效力也会慢慢减弱，直至消失。但是研究结果显示，追评如果放置在“追评”排列位置，其效力依然强大，商家仍然要提升自己的产品和服务的品质，尽可能获得更多的积极追评。

【本章小结】：本章从追评的定义、分类和发布追评的评论者的特征入手，探讨了追评这种特定形式的网络评论对消费者感知有用性和购买意愿的影响。总的来说，相比普通评论（只有一次评论，不含追评的评论），追评对消费者感知有用性和购买意愿的影响更为显著和强烈；与追评与初评一致相比，二者矛盾时对消费者的感知有用性更强；与间隔时间较近的追评比较，间隔时间较远的追评对有用性感知的影响效应更强。另外，放置在全部评论排序中的追评，其对购买意愿的影响力小于放置在“追评”排序之中的追评。

第10章　负面网络评论及其影响

一个淘宝差评惹官司：卖家告买家侵权索赔5万

（东方早报记者 李云芳 通讯员 尚法，2010年01月20日）杭州某高校大二学生李某怎么也没想到，他给淘宝网卖家的1个“差评”竟惹来了官司。日前，卖家林某以“侵犯名誉权”将李某告上法院，要求抹去“差评”和“不当评论”，恢复自己100%的信誉度，并索赔约5万元。

为帮朋友推销酒水，李某在淘宝上找到可制作网站的林某“店铺”。“我把模板、资料发给她，她满口答应，说300元足够了。”李某说。过了几天，林某将网站截图发来，但文字无法全部显示，他要求修改，林某表示要添加网页链接需另收费。“按她的要求，需要1000多元。做到一半要加钱，摆明了是想敲诈。”

林某则表示，李某起初只要求做简易网站，自己也曾告知李某有加价的可能，并拒绝了李某退款的要求。

在淘宝网调解下，林某最终同意退还225元，淘宝方面按惯例补偿李某25元，并要求林某把所制网站系统交给李某。但林某拒绝为李某安装调试，李某给了林某“店铺”一个“差评”，并留言：“卖家根本不会做网站，还敢接单，事后不按约定还要加价，在合作中的言语交流表现出（得）极不耐烦，对这次交易我真的无话可说。”

林某称，自己视信用和荣誉为生命，却被李某上述留言诽谤。林某还称，李某给的“差评”和“严重不当评论”导致自己“店铺”的信用度由 100% 降到 97.62%。而得到这个差评后 1 个多月，“店铺”销量为零。她遂以“侵犯名誉权”将李某告上杭州上城区法院，要求赔偿“差评”后失去客源导致的经济损失 7000 余元、精神损失费 4.2 万元。对林某的起诉，李某表示：“她的理由根本不成立，她的网店一年才 30 来笔生意，本来就不固定。”

此类“差评官司”在全国尚属首例。主审法官表示，网上购物买家投诉卖家的不少，但卖家为信用度把给“差评”的买家告上法庭还是第一回听说，本案原、被告存在一定的误会，“差评”只要不涉及诽谤、侮辱性言辞，就不构成侵犯名誉权。

“后台调解过很多卖家和买家的纠纷，但双方对簿公堂的还没有过。”淘宝网公关部人士说，淘宝网倡导用户更多地进行沟通，而不是打官司。因此，在每个店铺设留言区，买家可在留言区给出评价和打分理由，卖家也可回复，以消除误解，淘宝则允许买家在 10 天内修改评价。

◎相关事件

知名律师一个“差评”引来疯狂骚扰

日前，北京的于国富律师在名为“美橙名表折扣”的淘宝店铺买了 1 块手表，因卖家声明先验货再签收，但操作中要求不验货直接签收，于国富觉得是卖家设的圈套，且拆开后又发现是假货，便给了卖家“差评”。

1 月 15 日下午，于国富收到匿名短信：你的姓名、电话、地址、邮编已通过邮件群发、帖子群发、博客群发等一切方法批量发送！修改中、差评后停止。当晚，于的手机开始出现大量号码为 +000190852203, 0085219890037, +000190852213 的骚扰电话。同时不断收到骚扰短信：“撤销中、差评后停止呼叫！否则呼死你！永不停止！”

1 月 17 日，淘宝致电于国富，表示关注此事并要严肃处理，骚扰电话当日中午暂停，但威胁短信继续：“如不撤销，加倍公布姓名、电话、地址并 24 小时全天自动呼叫！”甚至扬言将骚扰对象扩展到于国富所在事务所的知识产权代理公司和两位同事。

1月18日，淘宝查封“美橙名表折扣”店铺，店主次日致电于国富，承认骚扰系自己所为并道歉。

（资料来源：李云芳，尚法．东方早报,http://tech.qq.com/a/20100120/000181.htm,2010年01月20日）

网络评论是消费者在线购物后对购买过程、产品和服务质量、消费体验等发布的感受。由于在线购物无法亲自试用，信息不对称，因此消费者在购前往往抱着美好的预期，而购后产生的有可能是不良的质量感知。当二者差异达到一定程度，激发消费者产生不满意的情绪时（见图10-1），消费者很可能会给出“差评”，即负面的网络评论。

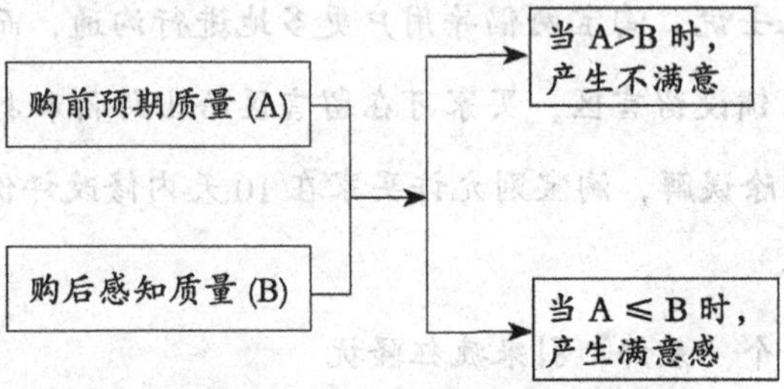

图10-1　在线购物质量感知

然而，消费者给出的差评会对后来的潜在消费者产生重大的影响，商家对此非常忌惮。因此才出现了本章引例中的卖家不惜采用不道德的行为来胁迫消费者修改或删除差评，或采用法律手段来消除差评对自己的影响。那么差评到底有哪些影响？其威力真的如此巨大吗？

一、负面网络评论的界定

（一）负面网络评论的含义

尽管现有的学者对负面网络评论进行了定义，如认为负面网络评论是指由于消费者对产品或者服务不满意而产生的负面情绪或态度，并通过网络将这种负面情绪或态度传递给他人；Hanson (2007) 认为负面网络评论可能是消费者在网络平台上发布的情绪性言论，也有可能是消费者对产品或品牌的客观的理智的分析（Hanson，2007）。然而，这些定义不仅模糊，而且不够具体，缺乏可操作性。因此，本书将结合现实中的网络评论进行重新界定。

现有的网络评论主要通过三种形式来表达情感倾向：一是使用评分或评星级，当消费者评分低于或等于 3 分 / 星（最高 5 分 / 星）（如图 10-2），就可将之定性为负面网络评论；二是使用文字进行评价，如果网络评论中文字表达出来的情感全部倾向于负面情绪（如图 10-3），或者虽然同时包含正面和负面情绪，但最终评论者给出的是负面的总结论（如图 10-4），也称之为负面网络评论；三是评分或评星级与文字结合起来评价，一般情况下，二者评价的情感倾向是一致的（如图 10-5），如果二者不一致，则以文字为主；即文字为正面评价，则总体为正面评价，反之则为负面评价。

图 10-2　纯评分或评星级负面情绪的差评

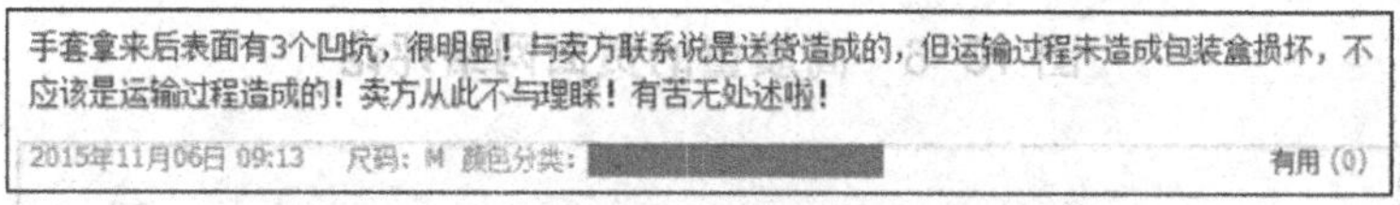
手套拿来后表面有3个凹坑，很明显！与卖方联系说是送货造成的，但运输过程未造成包装盒损坏，不应该是运输过程造成的！卖方从此不与理睬！有苦无处述啦！

2015年11月06日 09:13　尺码：M　颜色分类：[redacted]　有用（0）

图 10-3　纯文字、完全负面情绪的差评

宝贝收到了，包装很好，手感柔软，但是味道太刺鼻了，一股怪味，而且有一只还是破了口的，这也太薄了，现在戴着正好。唯一的一次差评。

2015年10月22日 07:22　尺码：L　颜色分类：[redacted]　有用（0）

图 10-4　同时包含正面和负面情绪的差评

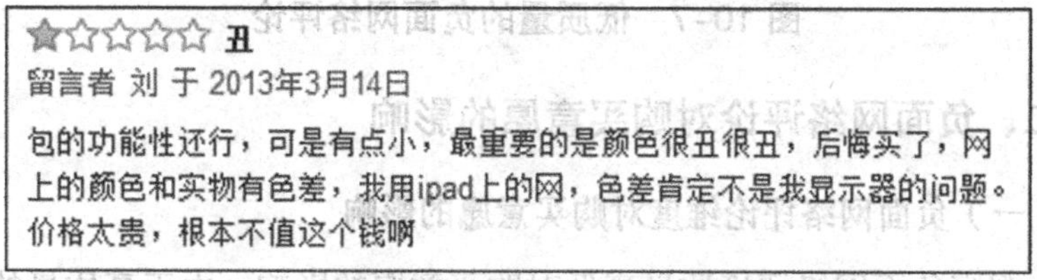
丑

留言者 刘 于 2013年3月14日

包的功能性还行，可是有点小，最重要的是颜色很丑很丑，后悔买了，网上的颜色和实物有色差，我用ipad上的网，色差肯定不是我显示器的问题。价格太贵，根本不值这个钱啊

图 10-5　同时包含评分评星级和文字差评

（二）负面网络评论的质量

负面网络评论的质量，是指该评论在内容的详细程度、论据的充分性、语言逻辑清晰度和易懂性等方面的表现，如果该负面评论在上述各指标中均表现出较高的程度，则说明其质量较高，否则质量较低。

如图 10–6 所示，该消费者的负面网络评论内容十分详细，每个差评点都有具体的实际例子，将产品和服务的不足之处分成4个方面，条理清晰，很容易看懂，因此该负面网络评论的质量较高。再看图 10–7 所示的负面网络评论，该消费者虽然表达出了负面情绪，但语焉不详，没有提供充分有力的证据来支持其负面情绪，因此其质量较低。

商品：先说下，这是我网购以来最糟糕的经历。
1 我的是启辰R50两厢车，车衣放上后，前边很紧后边很松垮，一点不合适，这是产品不合格；
2 我猜该店的车衣应该都是三厢车的规格，也只有一二个尺寸来套用各种车，店家却宣传说每款车型都有，这是弄虚作假；
3 网页上的图片和拿到手的东西差距有点大，车衣的质量很一般并没有网页写的那么好，锁非常小，我都快找不到了，这是虚假宣传；
4 客服售前挺好，但收到货觉得有问题咨询处理时经常不回复，提出退货也不给退，服务很差，也可以说没有售后服务。
服务：差，不堪回首的服务。
07.29

图 10–6　高质量的负面网络评论

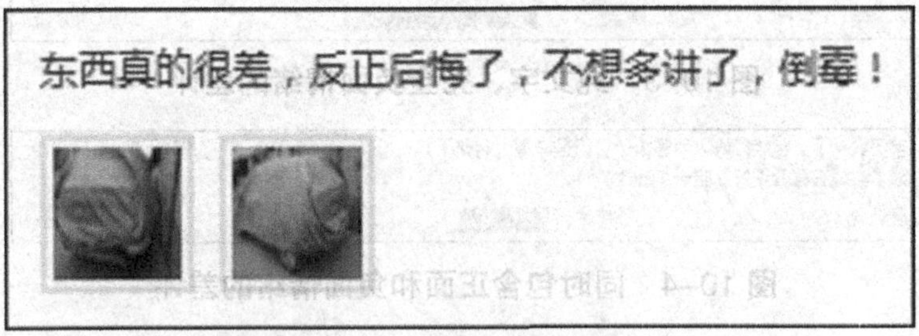

图 10–7　低质量的负面网络评论

二、负面网络评论对购买意愿的影响

（一）负面网络评论维度对购买意愿的影响

1. 观察负面网络评论质量高低对购买意愿的影响。由于高质量的负面网络评论包含更为详细的产品或服务缺点的说明，并且提供了充分、有力的证据进行支撑，加之语言逻辑较强，容易读懂，因此与低质量的负面网络评论相比，其对消费者来讲，更具有参考价值，更能影响消费者的购买意愿。李宏（2012）运用实验法对此进行了深入探讨，研究结果表明：负面网络评论质量确实对消费者的购买意愿具有显著的影响；质量较高的负面网络评论更容易对消费者的购买决策过程产生显著的影响。

2. 负面程度、数量、内容相关性和专业性对购买意愿的影响。宁连举和孙韩（2014）基于感知风险理论，运用实验法探讨负面网络评论对消费者购买意愿的影响时发现，负面网络评论的负面程度、数量、内容相关性和专业性均显著地正向影响消费者的在线购买意愿（见图 10-8）。具体而言，上述四种负面网络评论的维度，通过感知风险的中介作用，间接对购买意愿产生影响作用。首先，负面程度对购买意愿的负向影响效应在上述四种维度中强度最大，这也印证了前人的结论，即负面评论比正面评论更有诊断性。其次，当负面网络评论的数量增加时，负面评论的高诊断性得到积累，消费者感知风险随之增大，从而负面网络评论对消费者购买意愿的负向影响也越大。再次，负面网络评论与产品相关性越高，消费者对评论内容的真实性的信任度也越高，进而其感知风险就越大，从而其购买意愿越低。最后，负面网络评论的专业性越强，消费者就越容易接受其内容和观点，感知风险就越大，对购买意愿的负向影响也越大。

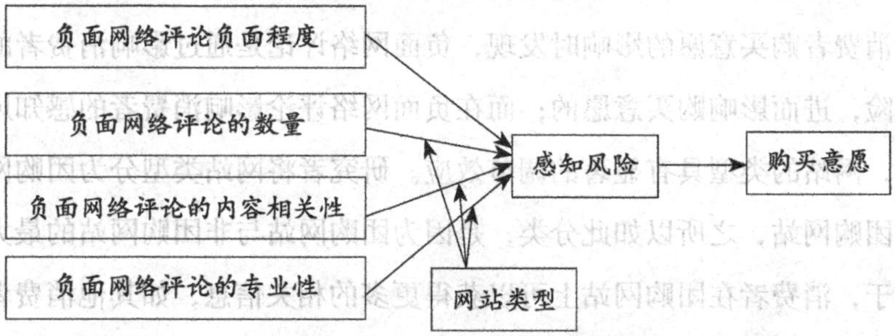

图 10-8　负面网络评论对购买意愿影响的理论模型

资料来源：宁连举和孙韩，2014

（二）负面网络评论影响购买意愿的调节因素

1. 负面网络评论对购买意愿的影响受到消费者卷入度的调节。基于精细加工可能性模型（ELM），个体对接收到的信息的处理方式受到其卷入度高低的影响。卷入度是指个体依据其内在需要、价值和兴趣等，对物品与其自身相关度的看法和观点。它联结着个体、产品和情境三个方面。在高卷入度情境下，由于个体将关注点放在说服性信息内容之上，因此网络评论的阅读者受评论内容本身的影响更为显著；而在低卷入度情境下，网络评论的阅读者不会太关注信息内容进行精细加工，而是更关注与评论相关的一些非核心要素，比如信源的吸引力、可靠性等。因此，在不考虑负面评论质量的情况下，消费者在阅读负面评论时，高卷入度的消费者会投入更多的精力去理解其含义，其购买决策和意愿将变得更为谨慎。故，在不考虑负面网络评论质量时，与低卷入度消费者相比，高卷入度消费者在阅读负面网络评论后，其购买意愿更为显著地下降（李宏，2012）

2. 负面网络评论对购买意愿的影响具有性别差异。一般来说，男性偏向于理性，女性则偏向于感性。因此，当男性面对负面网络评论而对产品产生不满意时，理性的他们很可能会放弃购买；而女性在面对负面网络评论产生不满意时，感性的她们则有可能受到产品态度之外的其他因素的影响，仍然决定购买。

3. 网站的类型的调节作用。宁连举和孙韩（2014）在研究负面网络评论对消费者购买意愿的影响时发现，负面网络评论是通过影响消费者的感知风险，进而影响购买意愿的；而在负面网络评论影响消费者的感知风险环节，网站的类型具有显著的调节效应。研究者将网站类型分为团购网站和非团购网站，之所以如此分类，是因为团购网站与非团购网站的最大区别在于，消费者在团购网站上可以获得更多的相关信息，如其他消费者的购买数量、团购剩余时间等。信息越多，影响因素也越多，因此单一信息因素的影响力就可能下降。研究结论显示，相比团购网站上的购买意愿，消费者在非团购网站上的购买意愿更容易受到负面网络评论的影响。这可能是由于在团购网站上的可获得信息较多，消费者可以通过许多信息进行综合判断，因此单一的负面网络评论的影响力有所下降；而在非团购网站上的情形则不同，商品页面能提供的信息较少，消费者需要更多地依赖网络评论来进行购买决策，因此负面网络评论的影响自然比团购网站的影响力强些。

三、负面网络评论对品牌态度的影响

王军（2014）基于 Rossiter 和 Percy (1992) 的观点，认为品牌态度包含认知和情感两个方面的因素，即将品牌态度划分为品牌信任和品牌情感。由于负面网络评论对产品产生了较为强烈的负向情绪，阅读者受到其影响和感化，很容易对产品（品牌）也产生负面的情感，进而对其不信任。许多学者对负面网络评论影响品牌态度的效应和路径进行了探讨。铁翠香（2011）基于信任和感知价值探讨了网络口碑效应，研究结果显示：负面在线口碑（包含网络评论）对消费者的品牌评价的影响由该品牌的核心价值决定，即当负面在线口碑与品牌的核心价值关系紧密时，信息接收者会相信负面在线口碑，从而产生负面的品牌评价。

王军（2014）还发现（理论模型见图 10-9），（1）相对于主观负面网络评论，客观负面网络评论对消费者品牌信任的负向影响大；而主观负面网络评论对消费者的品牌情感的负面影响大。（2）负面网络评论能引发消费者的认知－情感系统响应，进而影响消费者的品牌态度。具体而言，客观负面网络评论将引发信息接收者的认知响应，而主观负面网络评论引发的是信息接收者的情感响应，两种系统响应均对信息接收者的品牌态度产生负向强化效应。（3）负面网络评论对消费者认知－情感系统响应的影响效应受消费者认知需求的调节。也就是说，相对于高认知需求的信息接收者，低认知需求的信息接收者对主观负面网络评论的情感响应更为积极；而相对于低认知需求的信息接收者，高认知需求的信息接收者对客观负面网络评论的认知响应更为积极。

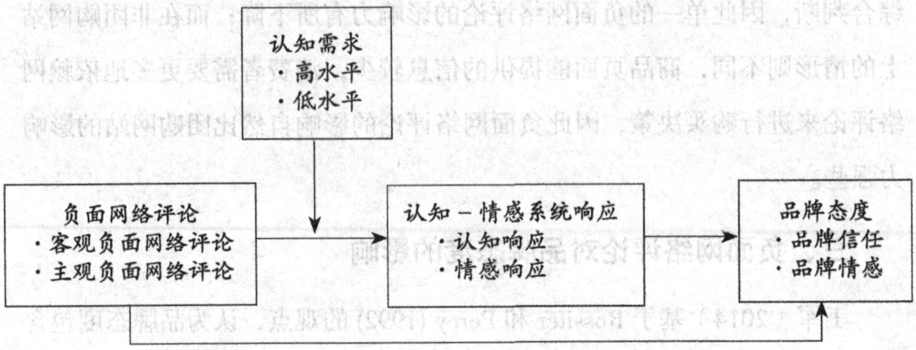

图 10–9　负面网络评论类型对品牌态度影响的理论模型

资料来源：王军，2014

【本章小结】：本章主要讨论了负面网络评论的内涵及其影响。负面网络评论的影响主要体现在两个方面：一是对购买意愿的负面影响；二是对品牌态度的负面影响。对购买意愿的负面影响，是对企业销售的即时影响；而对品牌态度的负面影响，则是对企业长期的销售的影响。因此可以看出，负面网络评论对企业的负面影响不仅是短期的，还是长期的，企业必须予以重视。

第 11 章　网络水军与好评返现

引例 1：淘宝网络水军刷单是商家推广的主要手段

目前大多数淘宝商家推广的方法就是利用网络水军刷单，信誉、销量、宝贝人气，都是关乎商家生存的根本，随着淘宝监测系统的不断完善，传统的刷单方式不再适用，只有利用人海战术，才能躲避淘宝系统的监测。如果操作好的话，即使是淘宝人工干预，也拿你没办法。随着暑期的到来，电商又到了销售的旺季，商家都忙着在这个时候把销量和信誉提升上去，淘宝刷单又到了一个高潮期。

2003 年至 2008 年，是淘宝发展的时期，传统媒体到处是淘宝投放的广告，那个时候淘宝就对卖家做出严格规定，如果产品在一段时间没有销量的话，就会采取封店铺或者下架商品的处罚。卖家在这种压力下，不得不拉拢身边的亲朋好友来捧场。在淘宝的大力宣传下，影响力不断壮大，带动了网络购物的潮流。卖家更深知信誉和销量的重要性，因为只有这样，排名才能更好，才能卖出更多的商品，于是刷单开始盛行，那个时候刷单非常简单，大量注册小号去刷就行，什么都不用去管。因为这种行为并不是淘宝最棘手的问题，淘宝急需解决的是网站流量的问题，主要精力都放在了宣传上。毕竟当时的淘宝还没有发展起来，只能任由他们去做。这样做的好处就是让数据更加好看，提高销售量，吸引更多的买家，同时也是笼络卖家的手段，可以这么说，如果淘宝在初期就进行这样严格的限制措施，那么淘宝不会发展到今天。比如一个店铺的信誉很低，销量为零，影响最大的不是卖家，而是整个淘宝网体系，毕竟当时人们对网络不熟悉，没有任何信任基础，所以说，淘宝要发展就必须要这样做，下面来给大家介绍几种刷单方式。

第一，互刷平台。这种平台的安全性还不错，可以控制账号的购买次数，原理也很简单，就是很多商家聚集在一个平台，互相买商品，交易方式和淘宝的方式一样，采用的是担保交易的方式，网站是担保方，卖家和买家是交易方，网站从中间抽佣。但好景不长，随着平台的壮大，越来越多的商家开始跑到这种平台去互刷，已经严重地影响到了淘宝的正常交易。淘宝方面报警，某些网站在听到风声之后，携款潜逃，给商家造成了上千万的损失。受到此事件的影响，这种刷信誉的平台一直受到严管，直到现在，类似的平台也很少出现。

第二，YY平台。在这个众多网友云集的游戏、语音、娱乐平台，YY平台的优势很明显，人数众多，能很好地应对淘宝对IP和电脑硬件的监测。当你进入YY某个频道的时候，都会看到招聘兼职的，兼职淘宝水军的最多，不过安全保障确实是个问题，这些人往往都有一个专门兼职的频道和YY群，他们收取商家的入会费，一般都在300左右，然后再收取兼职人的培训费和买淘宝小号的费用，光是这些费用就让他们赚翻了，携款潜逃可以说是分分钟的事情。YY曾多次出现公会主持欠款潜逃的现象，YY也加大了对这些兼职公会的打击，只要发现类似的兼职公会，YY都会予以封闭。其实呢，在YY刷单对店铺来说，安全性还是蛮高的，因为人数多，如果操作好的话，基本不会被系统降权，除非淘宝人工干预。但也有很多浑水摸鱼的，纯粹利用多个小号刷的，这样的安全性是极低的，很容易被淘宝系统检测到，轻则降权，严重的封店铺，所以也不是很好掌控。

第三，虚拟机。虚拟机刷单，这个也是在一段时间里比较火的，一个人操纵多个账号在虚拟机里通过VPN换IP，软件修改电脑的硬件信息等方法刷单，不过这种方法现在不行了，很容易被淘宝系统检测到。

那种刷单比较安全？如果刷单想安全性高一点，那就只有利用人海战术了，可以多召集一些网络水军，控制好一个人的购买量，比如一个人只能使用一个账号，不得多个账号购买，一个礼拜不能超过两次购买，再配合发空的快递件，基本上淘宝拿你也没办法。不过这种方法的成本很高，适合大型的天猫店铺。

刷单基本操作步骤：

刷之前最好开启直通车展示，首先进入淘宝搜索宝贝关键词，浏览一下排在前面的其他商家的宝贝，浏览的时间不要太短，一分钟左右，然后进入自己的店铺，浏览主宝贝，再浏览其他宝贝，时间长一点，三分钟左右，收藏，旺旺假聊（要使用暗语，假聊是用来区分真实买家和网络水军的），拍单付款等待收货好评，返还水军本金和报酬。

基本流程就是这样了，也没有什么好说的，无非就是一些细节的问题，只要 IP 控制得好，基本没什么问题了，多召集一些水军去刷是最安全的，虽然成本很高，但比较安全，总比那些几天刷上去的，没几天就掉下来的要好得多。其实刷单也不用做得面面俱到，只要能通过淘宝的系统监测就行，这样能够减少我们的成本和风险，只要过了淘宝的监测系统，一切都好说了，即使是淘宝人工介入，那也是需要时间的，等他们核实好了，相信我们也赚到不少了，最起码不会亏本。

（资料来源：天阳互动传播 .《淘宝网络水军刷单是商家推广的主要手段》，http://www.tyhdcb.com/wlsj/207/，2014 年 08 月 01 日）

引例 2：网购中，消费者要审慎用好自己的评价权

网购商品的评价是消费者选购商品的重要依据，对于网络商家好评返现、差评骚扰的行为，消费者也屡见不鲜。然而，商家这些利诱消费者好评的行为却已经触犯了我国相关法律法规。8 月 25 日，广东省消委会根据消费者投诉，正式向淘宝发出劝诫函，要求阿里巴巴加强监管，坚决全面

纠正商家的这些不当行为，并完善信用评价体系建设，为消费者提供安全放心的网购消费环境。（8 月 26 日大洋网）

“好评返现”虽是网店惯用的促销手段，可其实并未获得平台服务商的官方认可。据公开信息显示，一些电商平台曾发布专门规定，高调宣布整治“好评返现”等行为。只不过，就其执行效果来看，并不尽如人意。这一方面是因为，此类“整治”大多集中在电子产品等大额消费领域，对于一般商品甚少关注；另一方面，“好评返现”本身就具备广泛的市场基础，确有不少人乐于通过好评换取实惠。

倘若对照法律条文，“好评返现”可谓是赤裸裸的不正当竞争。具体而言，此举动所涉嫌的，乃是不正当有奖销售：“卖家给予好评者的返现，相当于附赠式有奖销售中的附带性利益。该不正当利益不正当地扩大了自己的交易机会，导致了不公平竞争，恶化了市场秩序。”而且，这种带有诱导色彩的虚假“好评”，又在客观上造成了信息紊乱，继而侵犯了后续购买者的充分知情权！

可在现实中，“好评返现”一类的营销手段，不仅未被网购族所大面积抵制，反倒在多数时候大受欢迎。在不少人眼中，“好评返现”甚至成了必备选项。时至今日，不少消费者仍将自己视作“原子化个体”，而不是“市场共同体”的一员。这类消费者只想着片面追求自身利益的最大化，而缺乏维护市场秩序、捍卫长远利益的自觉。

“好评返现”的核心逻辑，就在于瞄准网购者的“利己心”各个击破，最后形成一种众人齐赞的假象。需要厘清的背景是，网络购物乃是“价格敏感型消费”，廉价、实惠几乎就是其终极价值。在这种消费文化中，购物者被一点蝇头小利所收买，或许再正常不过。但，诚如我们所看到的，太多不负责任的“好评”，势必会扰乱网购市场正常的优胜劣汰，最终受伤害的只能是普通消费者自己。

如果说，“打分评价”机制曾经创造性地解决了网购的信用问题；那么“好评返现”一类现象的出现，则说明人心的自私与脆弱，在某种程度上已经动摇了由“程序与算法”所支撑起的电商根基。为此求解，固然需要督促电商“完善信用评价体系建设”，但更重要的，或许还在于广大的消费者能够本着对他人负责、对自己负责的态度，审慎用好自己的评价权。

（资料来源 然玉《网购中，消费者要审慎用好自己的评价权》，羊城晚报，2015 年 08 月 28 日，http://views.ce.cn/view/ent/201508/28/t20150828_6344256.shtml）

前面的章节讨论了网络评论对消费者有用性感知、购买意愿和企业的销售均有显著的影响效应，因此网络评论的影响受到理论界和管理界的共同关注。一些良心商家，正是凭借着过硬的产品和服务质量，感受着来自网络评论的正向效应；而一些不良商家，产品质量和服务均无法让消费者满意，为了避免网络评论产生负面效应，于是采取了如引例中的借助网络水军进行刷单、刷信誉和刷好评等不道德行为，或者利用“好评返现”等不正当的竞争行为诱使消费者违心发表好评，从而误导潜在消费者购买其产品。本章将对网络水军和好评返现这两种典型的不道德和不正当的竞争行为进行剖析，一方面给消费者阅读和发表评论提供参考；另一方面也劝导相关企业，要遵纪守法，诚信经营，夯实企业百年老字号之根基。

一、网络水军概述

（一）网络水军的由来

网络水军，最早来自网络“灌水”，起初是网民出于无聊、想发泄或者想被广泛关注等原因在网络休闲平台上自娱自乐而已；在此时，网络水军活跃的网络媒介主要为微博。2005 年 10 月，网民“浪兄”、“立二拆四”、“非常阿锋”开创了“网络推手”，意指借助网络媒介进行策划、实施并推动特定对象，使之产生影响力和知名度的人，又名“网络推客”。2013 年前后，微博进入鼎盛阶段，也是水军的狂欢盛宴时段。在微博时代，水军形成了完整的产业链条，各司其职，各享利润，最早的渗透则从刷粉开始。微博时代后期，水军从狂轰滥炸开始变为重质重量。人们时常看到一些观点新颖、逻辑严密的评论，其实大部分出自高级水军写手之手，当然价格也不菲，售价5元之上。

2014年前后，随着网络主管部门对网络管理的加强，水军发展由此有所收缩。自此主要盘踞在两个领域，一个是娱乐炒作，另一个是企业宣传，包括淘宝网上刷单、刷好评。

为了区别其他领域和类型的网络水军，本文所指的网络水军，特指专门活跃在商业领域，为特定企业或产品在电商平台上通过虚假购物和撰写评论来赢利的组织和个人。

（二）网络水军刷单内幕

当前，网络水军刷单有严密的组织和完整的产业链。其产业链分为三个级别：第一级别，主要是负责派活、发工资的网络公关公司；第二级别，主要是负责组织管理人手、协调工作任务的包工头；第三级别，则是处在最底端由各色人等组成的庞大“水军”群（赵敏和谭腾飞，2012）。网络水军的主要工作是伪装成普通网民或消费者，在网络上的各论坛发帖、顶帖；在各电商网站虚假购物、发评论。

下面是楚天都市报（2015年04月15日）的一篇报道，将网络水军刷单内幕详细地揭露了出来：

造假滴水不漏！大学生卧底揭淘宝刷单内幕

到淘宝网上购物，很多人喜欢看卖家的成交量和买家评论。但是，如果这些成交量和好评不真实，那买家就可能被欺骗。

3个月前，家住武汉的大学生张严（化名）向楚天都市报爆料，反映有网络中介平台专门招聘兼职人员当刷手，帮淘宝网上的卖家刷虚假成交量和好评，以此获利，自己就曾做过半年刷手。随后张严再次以寻求兼职的大学生身份进入该中介平台，卧底两个多月，希望借助本报向公众揭开

“淘宝卖家—中介平台—刷手”的交易内幕，引起监管部门重视。

刷手自曝

兼职刷单就是在骗人

“滴滴滴滴——”前日早晨8点，19岁的张严一起床，就习惯性地打开手机，查看YY语音群里有没有新的刷单任务。同宿舍共有6名同学，和他一样刷单做兼职的就有3个。不过，两个多月前开始，张严刷单不是为了挣生活费，而是为了向楚天都市报曝光这种刷单交易的全部流程。

张严是湖北某高校大三学生，去年6月通过同学介绍，接触到名为“果果－天下－十团全体会员群”的YY语音聊天平台，交纳99元入会费后进入该平台。随后经过注册、填写信息、培训等一系列严格的程序，开始了他的刷单之旅。大半年来经他手刷过的虚假购物纪录有2000多单，也就是说，他违心给淘宝卖家增加了2000多笔虚假交易量，打了2000多个虚假的好评。“做了半年之后我就不想做了。”张严说，他发现中介平台上的刷手越来越多，在淘宝网上的造假量非常庞大，这让他感到担忧和不安，于是决定站出来，揭开其中的内幕。

开始卧底

通过层层考核成为刷手

2月3日，张严再次以寻求兼职的“新手”身份进入“果果－天下－十团全体成员群”的YY语音平台。记者发现，该刷单群注册人员多达2182人，当时在线就有559人，而这还只是其中一个“团”。

进入平台后，昵称为“秋意浓”的培训老师开始对张严进行一对一的讲解。首先要张严填写一份登记表，内容除了姓名、性别、出生日期外，还坚持要求张严填写所在地地址、电脑IP地址截图、身份证照片、推荐人等信息资料。为防对方发现自己曾当过刷手，张严在征得朋友同意后，全部填写了朋友的信息。

在张严提交一套资料后，从“秋意浓”那里了解到：该群会根据初入会员交纳的入会费，将会员共分3类——交纳99元成为普通会员、158元成为高级会员，298元成为至尊会员。每类会员的提成不同，至尊会员提成最高。

在缴纳99元入会费后，“秋意浓”在YY语音聊天平台上开始了对张严的培训，向张严详细说明了如何使用支付宝、如何刷单、购物……并且布置了作业——发布一个虚拟的购物任务，确认张严顺利完成这个虚拟任务后，“秋意浓”告诉了张严另一个YY号码，让张严加这个号码参加考试，考试内容与“秋意浓”讲解的完全一样。张严顺利通过，成为正式会员，可以参与刷单业务了。

尝试刷单

4天后收到一个空包裹

成为会员后，张严被拉入“十组主持任务发布群”，在这个群中，每隔数分钟，就会有管理员发布相应的“任务”，也就是可供刷单的业务信息。

2月5日晚上11点，主持人“黑猫”发布了一个信息，帮一家名为“诺众个人护理专营店”的淘宝电吹风卖家刷单，张严根据培训所学，刷单成功。2月9日，张严收到了该电吹风卖家发来的包裹，但包裹仅仅是一个空空如也的小袋子，上面贴着一张快递单。在签收后，张严按照“黑猫”的要求，在“诺众个人护理专营店”的好评区，给出了5星好评和以下评语：“发货很快，东西性价比很高，给商家点个赞。”随后将好评的截图发给了“黑猫”。

3月19日晚上9点30分，张严又接到主持人“晨曦”发布的任务，帮一家“广场舞服装新款套装”卖家刷单。刷单后查询物流信息发现，3月21日0点47分，商家发货的包裹已到“晋江”；当日22时25分，已到武汉分拨中心；3月23日20时20分，名为“湖北亚风”的快递公司已对该包裹进行“签收”；3月25日上午，张严找到“湖北亚风”，拿到了一个空包裹。

3月2日，记者以淘宝卖家的身份联系了一名QQ名为“smile、”的中介，了解到中介刷单收费标准：100 元以下的商品刷一次收费 7 元，100 元以上的商品刷一次收费 8 元到 10 元。每刷一次单，卖家平均支付中介约 9 元，其中中介支付发空包裹快递的费用 2.5 元、刷手佣金 2.5 元，另 4 元为中介所得。“smile、”还告诉记者，每为中介平台拉来一个刷手，介绍人可得到新人入会费的一半作为提成。比如张严交纳了 99 元入会费，其介绍人可获得提成 50 元。

刷单过程

造假滴水不漏逃避监管

在张严卧底的过程中，记者发现，整个刷单造假过程非常严密。

比如张严卧底刷的第一单，具体刷单流程是这样的：2 月 5 日晚上 11 点，主持人“黑猫”发布了任务：“代付单，佣金 2.5，周 4、月 8，待收货 + 代付 + 评价不超 7，待收货 + 发货 + 评论不超过 7，安全满月号，2 星以上来做，做过的别来了。”

这个“任务”的意思如下：该单由中介主持远程代付款，刷手买完确认收货之后，会有 2.5 元的佣金。而这单“任务”对会员淘宝账号的要求是，该账号每周购物不超过 4 次，每月不超过 8 次，该账号里面待确认收货、待发货和待评价的商品数量总和不超过 7 个，购物账号需要实名，并且有 2 颗星以上的信誉，而且淘宝注册账号要超过一个月。

“黑猫”解释说，限制刷单者的购物次数，是为了避免淘宝官方的检查，“同一账号短时间内买得太多了，容易被淘宝官方怀疑。”同样，要求刷手账号里面待确认收货、待发货和待评价的商品数量总和不超过 7 个，也是为了避免引起淘宝官方的怀疑，“如果一个买家账号里很多是待确认、待发货信息，那就有刷单嫌疑。”

当张严接下这个单子，“黑猫”首先发来一份关键词“诺众个人护理专营店，吹风机大功率”，随后又发来一张该店商品的截图，并注明全程手机单（用手机淘宝来操作）。

按照培训老师教的，张严登录手机淘宝在第一页找到了该店，发现该店交易额为5513件，远超同类产品。张严将该店截图发给“黑猫”，“黑猫”随后发来拍单说明：“货比3家，还要与卖家假聊天，把店外和假聊内容截图。”

货比三家，意思就是在购买商品前，先假意快速浏览其他两家同类店铺。“黑猫”解释说，这些浏览时间长度，都会影响到淘宝中商品的排名和位置，而且也可避免淘宝官方认定为“恶意虚假刷单”，因为“只有真正的买家才会浏览其他同类产品”。

张严按要求拍下该产品，价格为117元，“黑猫”确认无误后代付了货款。4天后，张严收到“货物”——一个空包裹。第二天，张严的淘宝账号收到了2.5元的佣金。

记者发现，从2月5日晚11点到第二天中午12点，张严刷单的该网店中，这款吹风机的交易量从5513上升至5673件；无独有偶，张严2月6日下午3点接到过一个名为“古今中外专柜正品文胸”的单子，从下午3点到第二天中午12点，该款产品交易量从9133件增加至9823件，飙升了690件。

律师点评

刷手和中介替卖家刷单违法

湖北诚明律师事务所许高真律师认为，按照《消费者权益保护法》的规定，刷单行为侵犯了消费者的知情权、公平交易权。无论是请人刷单的卖家，还是替人刷单的刷手和中介，都属违法，应当对消费者的损失承担责任。

（资料来源：吕锐.《造假滴水不漏！大学生卧底揭淘宝刷单内幕》，楚天都市报，http://ctdsb.cnhubei.com/html/ctdsb/20150415/ctdsb2621101.html）

从以上新闻报道中，我们不难看出，当前电商平台上的卖家刷单现象较为严重，组织相当严密，流程非常隐秘。然而，这样的网络水军刷单现象，一旦泛滥成灾，最终将导致一系列的恶果：网络评论无人相信，卖家信用无从考证，商品可靠信息无从获得，直至影响电商平台的诚信，最终将动摇整个电子商务的信用基础。从法律层面上讲，利用网络水军进行刷单、刷好评，是违法行为，是一种要受到法律制裁的不正当竞争行为。

要解决这一不正常现象，除了相关部门和电商平台要加强监管、监督之外，更需要从网络水军需求方入手。商家要自觉认识到，靠网络水军刷来的只是暂时的好评，刷走的却是整个电商行业的信誉和未来。商家要坚持提供良好质量的产品，通过真挚服务，诚信经营，方能在竞争中长久地立于不败之地。

（三）网络水军和真实消费者发布的网络评论的差异

为了让消费者识别网络水军的“虚假评论”，以及为了相关部门和网络平台监管网络水军不道德和不正当的竞争行为，有必要对网络水军的特征进行探讨。表 11-1 是基于郑春东等（2015）研究成果，对网络水军的评论和消费者发表的网络评论进行的比较。从识别角度来看，二者的差异主要体现在“自身特征”这一要素。该要素有四大特征：言论规模、质量水平、文本相似度和时间集中程度。

表 11-1　网络水军评论与消费者网络评论比较

	比较项目	网络水军评论	网络评论
评论主体	发布主体	网络水军	消费者
发布动机	自发性	收取报酬后的刻意行为	购后的自发评价行为
	与企业关系	在企业授意下进行	不为企业控制
自身特征	评论规模	针对同一产品言论数量巨大	不同产品言论数量较随机
	质量水平	言论质量参差不一	言论质量整体较高
	文本相似度	很高	较低
	时间集中程度	言论爆发的时间较为集中	言论产生的时间分布较均匀

资料来源：郑春东等，2015

首先，评论规模。由于网络水军是网络公关公司接单后，在委托企业要求的时间内统一安排大量的水军完成任务，因此针对该委托企业产品的网络水军评论数量会相当多。而真正由消费者原创发表的评论则较为分散，毕竟在线购物和线下购物不同，消费者很难从众，同一时间购买不同卖家商品的概率较高。

其次，质量水平。由于网络水军发表言论收费有差异，收费高的评论自然质量也高；收费低的评论就简单笼统表达，完成任务了事，从而造成了网络水军生成的评论质量参差不齐。而消费者都是自己亲身经历购买和消费过程，对于其中的细节自然能娓娓道来，因此网络评论的质量整体较高。

再次，文本相似度。网络水军每名成员都有一定发帖和发表评论的任务，他们往往通过多个账户进行大量的重复评论，从而其评论的文本相似度很高。而消费者由于需求千差万别，对商品的不同属性的重视程度也各不相同，每人的消费体验也因人因时而异，加之文笔文风的差异，因此消费者生成的网络评论在文本上相似度必然较低。

最后，时间集中度。由于网络水军发表评论是接单行为，是在短期内完成委托企业交付的刷单任务，因此发表评论的时间较为集中。而消费者的购买时间则比较分散，因此评论时间也较为分散。

以图 11–1 为例，该图为三名“消费者”对同款商品进行的评论。首先，观察文本相似性，三条评论文本内容相似度极高，尤其是后两条评论，文本内容完全一样。再观察发表时间，三条评论发表的时间非常接近，最长时间间隔不过 5 天，最短只有 1 天的时间间隔。因此，根据上述网络水军评论与消费者网络评论的比较项目，基本可认定这三条评论为网络水军所撰写。

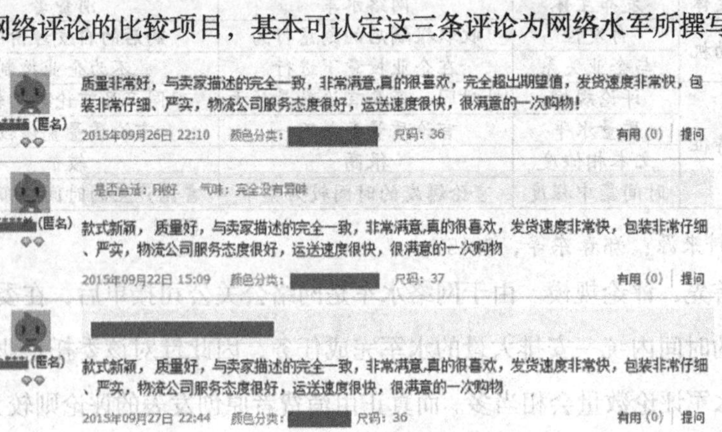

图 11–1　文本相似度极高的评论

二、网络水军评论对消费者的影响

尽管我们已厘清了网络水军评论与消费者的网络评论的差异，然而，作为普通消费者还是很难分清一条特定网络评论是真实的消费者还是网络水军所撰写。毕竟消费者没有太多的时间和心智去进行比较和鉴别，他们的注意力还需要分散在价格、商品规格等方面。那么网络水军发表的评论如果没有被鉴别出来，它是否和消费者发表的网络评论一样对消费者产生影响？其影响路径又是怎么样的？

郑春东等（2015）在借鉴网络口碑及在线产品评论相关研究基础上，提取网络水军评论的评论数量、评论质量、文本相似度和时间集中程度这四大维度，构建了网络水军评论对消费者购买意愿影响的理论模型（见图 11-2）。实证研究结果显示，上述网络水军评论的四大维度，通过影响消费者的感知专业性、感知有用性和感知风险，最终影响消费者的购买意愿。在四大维度中，评论质量对消费者的感知影响最大，且这种影响强度不受评论的正面和负面影响；然而，相对于正面评论，在负面网络水军的评论情境下，虽然评论质量对消费者的购买意愿的影响仍然最大，但强度有所下降，而评论数量和时间集中度的影响则有所增强。

由此可见，网络水军评论确实会对消费者的购买意愿产生显著的影响，这也是为什么现实中一些不良卖家愿意花钱请水军发表评论的根源。但也正因为如此，网络水军评论不仅扰乱了有序的市场竞争秩序，破坏了良性市场竞争规则，而且还误导了潜在消费者的判断，侵犯了消费者的知情权。因此，相关部门和电商平台必须对此进行管理和监督，创造一个更为公平、公正的网上购物环境。

三、好评返现概述

一些不良企业为了避免中差评给自己带来的负面影响，不仅暗地里委托网络水军进行刷单；而且还通过诸如“好评返现”等方式来诱导消费者发表好评，干扰其他消费者对产品品质的判断。企业这种行为虽然在形式上与雇佣网络水军刷好评有所不同，但在性质上并无差异，同样扰乱了有序的、健康的竞争环境，仍然是一种违法行为。具体而言，好评返现违背了公平交易、诚信经营的市场原则，已经触犯了《消费者权益保护法》、《反不正当竞争法》等法律法规。

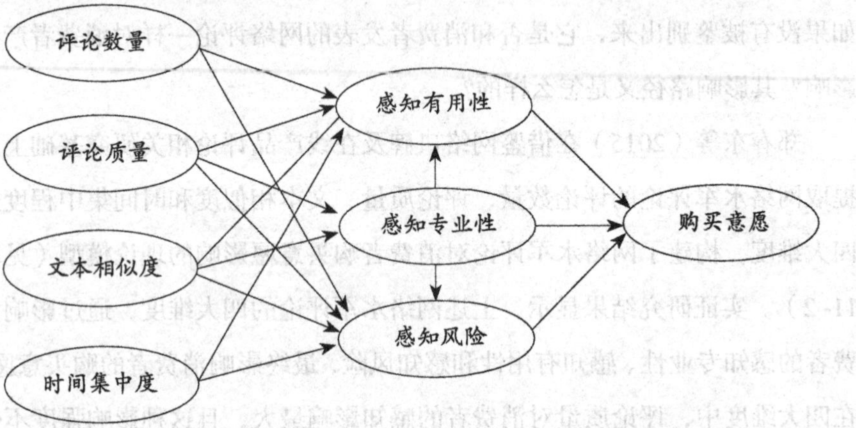

图 11–2　网络水军评论对消费者购买意愿的影响模型

资料来源：郑春东等，2015

目前，好评返现主要有两种形式：

一是在商品页面出现（也可能不出现）“返现 X 元”（网页并没直接明说好评返现，只强调返现），但当买家要求返现时，才明确提出好评这一前提条件（如图 11–3）。

二是在网页没有出现“好评返现”字样，但当买家收到货物后，包装里会出现一张“好评返现”卡，卡面明确说明只要买家给出好评，并截图给客服就会得到返现（如图 11–4）。

四、网络水军评论和好评返现等不正当竞争行为的治理

要管理好网络水军和好评返现等不正当竞争行为，需要政府、电商平台和交易双方一起努力。

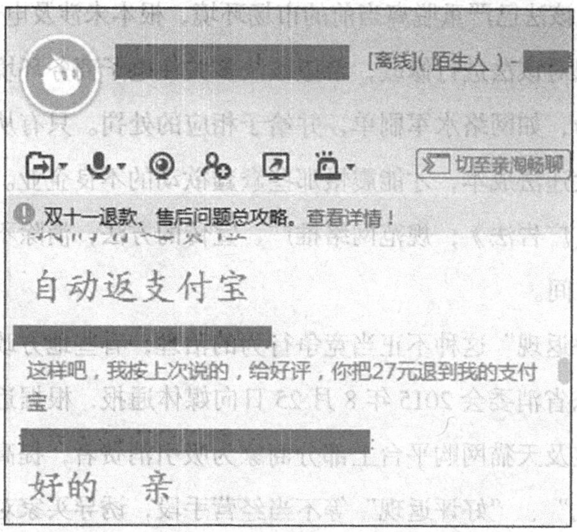

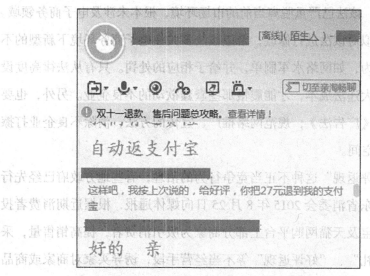

图 11-3 卖家沟通时提出好评返现

图 11-4 卖家在包装内放置“好评返现”卡

（一）政府部门的监管

市场经济是法治经济，因此政府部门应依靠健全相关法律法规来防范和威慑网络水军的行为。我国的《反不正当竞争法》制定于 1993 年，如今时过境迁，该法已严重脱离当前的市场环境，根本未涉及电子商务领域。当前，我国拟对该法进行修改，希望该法多关注电子商务环境下新型的不正当竞争行为，如网络水军刷单，并给予相应的处罚。只有从法律高度设立障碍，加大违法成本，才能震慑那些蠢蠢欲动的不良企业。另外，也要进一步完善《广告法》，规范网络推广、宣传的方法，消除不良企业打擦边球的隐性空间。

对“好评返现”这种不正当竞争行为的治理，有些地方政府已经先行一步。如广东省消委会 2015 年 8 月 25 日向媒体通报，根据近期消费者投诉反映，淘宝及天猫网购平台上部分商家为吸引消费者，提高销售量，采用“好评有礼”、“好评返现”等不当经营手段，诱导买家对商家或商品做出“好评”。广东省消委会在对商品和服务进行社会监督、开展消费维权工作的过程中，也发现淘宝及天猫平台部分商家确实存在上述情况。对此，广东省消委会召集投诉部、法律部、消费指导部等专业人士研究后一致认为，淘宝与天猫网购平台部分商家的上述行为已经触犯了我国相关法律法规，违背了公平交易、诚信经营的市场原则。因此，广东省消委会于 8 月 25 日发出劝诫函，要求阿里巴巴加强监管、强化教育，坚决全面纠正商家的不当行为；加强并完善信用评价体系建设，创造公平竞争、诚信经营的网络交易秩序，为消费者提供安全放心的网购消费环境。

（二）电商平台的监管

目前，在电子商务中，占主体的还是第三方电商平台网站，如淘宝、京东、苏宁和国美等。第三方电商平台对网络水军的监管作用更为直接，更能制定具体的游戏规则。这些电商平台必须认识到不道德、不正当的竞争行为，不仅损害涉事企业，而且还对电商平台的声誉带来负面影响。

具体而言，正如广东省消委会对阿里巴巴发出劝诫函所建议的方法，“目前，淘宝及天猫平台已经完全做到了对消费者行为全链路的数据化跟踪和分析，可以掌握消费者对商品及服务的满意程度，建议贵司进一步整合数据链路与信用评价系统，运用大数据手段分析商家信用评价信息，科学甄别信息真伪，掌握不良商家违法证据，对屡犯不改的商家，联合有关部门进行严厉打击，追究法律责任，通过严惩给予震慑”。

令人欣喜的是，以淘宝为首的第三方电商平台也意识到网络水军和好评返现等行为的危害性，并付诸了相应的行动。以下案例是淘宝为遏制好评返现不良风气，发布的其修改后的卖家好评管理规则：

【案例】淘宝好评管理新规则

各位亲爱的会员：

近期，我们发现少部分商家通过返现方式，引导买家快速确认收货并做出好评。该行为有违评价的客观真实原则，误导了买家的购物决策。手机类商品下的此种好评高金额返现问题尤其严重。为遏制此不良风气，淘宝拟针对手机类商品进行好评返现行为的试点管理。

此次规则变更于 2015 年 6 月 9 日进行公示通知，将于 2015 年 6 月 16 日正式生效。

主要变更点如下：

1. 在手机类商品规则中新增禁止引导好评条款；如在商品中出现“好评返现”等相关内容，将依据《淘宝规则》滥发信息条款中的“行业特殊要求”进行管控；

2. 就买家要求卖家履行“返现”的诉求，淘宝不予支持，并将此原则在《淘宝规则》违背承诺条款的实施细则中明确。

具体变更点如下：

淘宝店“好评返现”将受处罚

其实淘宝发展至今，一直饱受业界的争议。首先是因为其业界地位使得其一直饱受各界的关注。而其淘宝 C 店的鱼龙混杂又使得其难以管理，无法做到面面俱到。

“好评返现”一直是很多商家常用的销售手段。而这一营销手法，常常误导很多消费者的判断。很少买家因为那一点小利的诱惑而违背了自己的初衷，使得淘宝的评分机制对消费者辨别商品的作用越来越弱。相信此次的整治将会对市场做一个良性的引导。

（资料来源：节选自：中国电子商务研究中心.《淘宝店"好评返现"？违者必处罚》，2015 年 06 月 14 日，http://b2b.toocle.com/detail--6257367.html）

（三）交易双方的自律

对于卖方来讲，必须认识到诚信是长久经营之本，靠网络水军刷单或好评返现，只能收获一时的销售收入，失去的却是企业和品牌的信誉和形象，无异于饮鸩止渴。因此，企业应当重视市场需求特点，生产和销售质量合格、适销对路的产品，并提供良好的售后服务，从而减少中差评。

对于买方来讲，不能贪图小便宜，因为一时利己动机而违心发布好评。这样不仅无助于减少自己的损失，反而助长了不良企业继续从事违法行为气焰；另外，违心给出好评，违反了网络评论设置的目的，不仅误导了其他消费者的购买决策，而且形成的不良风气，也会使自己今后在购买其他产品时同样面临被误导的可能。

【本章小结】：本章主要讨论了网络水军评论和好评返现两种不正当竞争方式的内涵、影响和治理，指出了它们的危害及违法性质。同时，从政府、第三方电商平台、交易双方这三个视角提出了治理建议。

第三篇

第三方产品评论

vivo X6 评测：4GB 大运存带来畅快体验

【手机中国 评测】在即将过去的 2015 年 11 月，我们共同经历了多场手机新品发布会。其中，既有新颖独特的“云端发布会”，同时也有不少格外隆重的线下发布会。若是回归到产品来说，也不乏“重磅产品”，比如乐檬 X3、华为 Mate 8 等。不过，在 11 月的最后一天，vivo 智能手机则为我们带来了一场真正的压轴好戏。

与以往不同，近期不少厂商在产品营销方面纷纷改变了玩法，不再是纯粹的藏着掖着，而是会提前自己爆料，从而引发关注。vivo 智能手机在其新品——vivo X6 的营销推广上也是如此。发布会之前，vivo 智能手机官方不仅放出了产品的名称，同时还公布了 vivo X6 的众多卖点信息，强化输出了“快”的理念。当然，本次发布会上依然有一个“彩蛋”！

发布会之后，详细配置以及价格等信息一一揭晓。不过，对于众多 vivo 智能手机的粉丝来说，相信最关心的还是 vivo X6 的 4GB 超大运行内存（RAM）体验究竟如何？相比其他竞品，vivo X6 的急速指纹识别是否存在优势？关于以上这些问题的答案，尽在笔者下面的 vivo X6 评测文章中，大家不妨接着往下看。

外观方面，就如同 vivo 智能手机官方公布的那样，vivo X6 拥有金、银、玫瑰金三色可选，可以满足不同用户的个性化需求。更重要的是，它增加了“玫瑰金”配色，喜欢该配色的女性用户无需只盯着苹果。就整体造型来说，vivo X6 设计精美，做工考究，机身美感度不输于 iPhone 6s，或者说比其更好看，尤其是背部！

正如大家所知道的，vivo X6 采用特制铝镁合金全金属一体成型设计，金属占比高达 98.3%，使得整机的外观更显质感和档次。事实上，它的金属一体式机身拥有耐刮、耐磨、抗弯折等多项特性，极大程度上体现了金属机身的优势。工艺方面，vivo X6 经过铣削塑形、PMH 纳米注塑、手工抛光、蜂巢阳极氧化等 57 道工序打造，让机身更加考究，同时使得手机的成本直线上升。

说到“蜂巢阳极氧化”，相信 vivo 智能手机的粉丝不会陌生。前作 vivo X5Pro 即采用了“蜂巢阳极氧化”工艺，让金属表面着色更均匀、更牢固！其实，与前作一样，vivo X6 不仅运用“蜂巢阳极氧化”工艺，机身正面也采用了 2.5D 弧面玻璃，晶莹圆润，颇具美感，而中框表面也为圆润的弧形，有效提升了手机的握感，与前作 vivo X5Pro 相似。

就当下来说，不少手机采用金属机身，不过为了不影响信号，它们背部大都采用“塑料＋金属＋塑料”的三段式设计，极大程度上影响了机身的美感度以及一体性。vivo X6 却一改传统设计，采用数控精细切分金属，通过纳米注塑工艺制造分集式双天线，视觉上与苹果 iPhone 6s 处理方式一致。不过，vivo X6 的纳米注塑信号带宽度仅为 1.5 毫米，视觉上更窄一些，使得其背部更具美感。大家觉得呢？

另外，vivo X6 加入了“指纹识别”功能，在其机身背部内置了指纹识别模块。不过，与常见的后置式指纹识别手机不同，vivo X6 的主摄像头并没有跟指纹识别模块一起位于手机的中轴线上，而是被放置在机身左上角。初见时略显别扭，把玩数日之后，则会逐渐接受 vivo X6 这样的设计。其实，若是细想来看，这无非是“先入为主”的思想在作祟。从实际使用的角度来说，这样的设计并不会对用户日常使用造成影响。

此外，在屏幕方面，vivo X6 采用 5.2 英寸 Super AMOLED 魔丽炫彩屏，与前作 vivo X5Pro 一致，而屏幕分辨率则同样达到了 1080p（1080×1920 像素）级别，显示效果清晰、细腻、透亮。其实，相对于常见的 IPS 屏幕，Super AMOLED 屏一大优势则在于低功耗，可以有效延长手机的续航时间。在手机整体续航能力欠佳的当下，Super AMOLED 屏则可以一定程度弥补这样的不足，也是该机的一个加分项。

除了全金属机身之外，vivo 智能手机官方早已公布 vivo X6 配备 4GB 运行内存（RAM），事实也正是如此。在硬件配置方面，这款手机搭载了一枚 64 位八核处理器，谈不上出众。不过，vivo X6 却拥有 4GB 超大运行内存（RAM），相比前作 vivo X5Pro（注：2GB RAM）有了翻倍的提升，X 系列最新产品的优势得到了突显。

其实，说到了手机的运行内存（RAM），这是无数发烧级用户以及参数党最为关注的手机硬性指标之一。笔者入行之初，手机的运行内存一般都为 256MB，或是 512MB，时至今日其单位则以“GB”来计算，“MB”也早已成为了过去。尽管当下也有部分安卓机型配备 512MB RAM，不过它们则被用户亲（can）切（ren）的唤作“古董机”！从中我们也能够看出 vivo X6 的优势。

其实，回顾当下的国内手机市场，谈及 4GB RAM 的手机 vivo X6 并不是唯一，但它显然属于高端级别，时下不少高端旗舰机型的运行内存（RAM）依然为 3GB。在安兔兔评测（v6.0）基准跑分测试中，vivo X6 的总分突破了 5 万关口，最高得分为 51288 分，整体性能相比前作 vivo X5Pro 有了一定的提升，而“RAM 性能”则达到了 5496 分。

就实际体验来说，vivo X6 桌面界面切换流畅自然，毫无卡顿感。若是与 vivo X5Pro 对比则可以发现，vivo X6 打开基础应用的速度更快一些，体现出了其流畅性方面的优势。事实上，当笔者开启 15 个应用（注：包括微信、手机 QQ、微博、i 管家、应用商店以及《狂野飙车 8》等）后，依然可以在多个任务之间流畅切换，而且后台的应用可以实现零秒启动。其实，此时手机的内存占用仅为 66%，刚刚过半，4GB 大运行内存的优势得到了再次突显。

软件方面，vivo X6 同样搭载了 Funtouch OS，具体来说则是基于 Android 5.1 深度定制的 Funtouch OS 2.5，延续了 vivo 智能手机的传统。对于 Funtouch OS，相信 vivo 智能手机用户应该比较熟悉。它融合了苹果 iOS 和原生谷歌 Android 系统的优势，整体风格简约轻快，旨在为用户带来轻松愉悦的体验。就 vivo X6 来说，相比前作 vivo X5Pro，该机系统以及功能方面还是有着不小的提升，大家接着往下看。

前文中笔者提到，这款手机背部加入了指纹识别模块。在其系统设置中，它则增加了“指纹和密码”选项。vivo X6支持黑屏解锁功能，从点亮屏幕到指纹解锁手机，用户轻轻触控即可一步完成。事实上，它的主要卖点并非指纹解锁，而是“急速指纹解锁”。从实际体验的角度来说，手指在触碰指纹识别区域的瞬间，手机即可完成解锁，基本上毫无停顿，反应灵敏，响应速度极快，无论是温暖的室内，还是寒冷的北方室外，相比近期发布的红米Note 3响应速度更快，体现出了指纹解锁在便捷性方面的优势！

除了指纹解锁、指纹支付之外，使用手机“i管家”中的隐私空间和软件锁时可使用指纹取代密码，进而扩展了指纹识别的应用场景，让其便捷性的优势体现在了更多地方。需要指出的是，即使用户开启了指纹解密隐私空间功能，而当用户要进入隐私空间或是打开上锁软件时，手机界面仅会提示密码而无验证指纹提示，界面方面还需要进一步优化，但是用户此刻轻触指纹识别区域则会瞬间解锁。

此外，vivo X6还新增了“分屏”功能，对于众多vivo智能手机粉丝来说，这无疑是一大福音。默认情况下，它的“分屏多任务”功能处于开启状态。当用户观看视频（注：全屏播放）时，手机QQ、微信或是信息的通知可显示为悬浮图标，点击图标即可开启分屏效果，与其他手机的分屏效果相似，进而可以实现“一屏多用”，一心多用！

软件层面，搭载Funtouch OS的vivo X6的界面风格较为简约，延续了vivo智能手机的传统样式，支持性别检测功能，同时美颜级别则达到了100级，用户可以自由调整。同时，它加入了专业录像、专业拍照以及快镜头、慢镜头等功能，进一步增加了手机的可玩性，同时也能够满足资深用户的拍照需求。

接下来，我们再来说说vivo X6的通信功能。与时下众多智能手机一样，vivo X6 支持双卡双待功能，卡槽类型则为“与或卡槽（nanoSIM 卡或 MicroSD 卡）+MicroSIM 卡槽”，适合不同卡型的用户。网络制式方面，它支持时下主流的 4G LTE 高速网络（注：双 4G 版和全网通版），而且两个卡槽都支持 4G，能够自由切换，十分便捷。至于信号状况，vivo X6 在室内环境下一般都是满格，属于正常水准，并未受到金属机身的影响，也不存在“死亡之握”的情况，从实际应用层面体现出了分集式双天线设计的优势。

事实上，为了提供更快更安全的体验，vivo 智能手机设计师为其提供了九重安全防护，颇为贴心，解决了用户的后顾之忧。其实，双引擎闪充技术的引入，有效弥补了 vivo X6 电池容量不大的短板。就实际续航表现来说，对于笔者这样的轻度手机用户，充满电后的 vivo X6 能够支持一天以上的移动续航，超出了笔者的预期，再结合双引擎闪充技术，则可以快速“回血”，获得长续航的体验。

结束语：

尽管在发布会之前，vivo 智能手机官方已然公布了 vivo X6 的主要卖点，而且笔者也是牢记于心，但是通过实际的真机体验，则让笔者更真切地感受到了“4GB 运存”、“急速指纹”这些卖点背后的实际意义，畅快的体验、灵敏的指纹识别为笔者留下了深刻的印象，同时也被 vivo 智能手机的做工所深深折服。

（资料来源：李小东 .《vivo X6 评测：4GB 大运存带来畅快体验》，手机中国网，2015 年 11 月 30 日，http://www.cnmo.com/reviews/526147.html）

毋庸置疑，消费者原创的网络评论，能为其他消费者线上购物提供重要的参考价值。然而，在有些情形下，网络评论很难发挥其作用。例如，对于新产品而言，由于刚刚上市，消费群体规模小且消费经历短，此时网络评论无法为潜在消费者提供丰富且有用的信息参考。再如，对于一些技术复杂的产品，如汽车，涉及的评估因素非常多，普通消费者无法决定应当对哪些因素进行决策以及每个因素决策的标准是什么。其他消费者的评论只能给出消费经历，而决定这种经历好坏的因素是什么，他们也很难给出专业和准确的答案。另外，对于一些品牌或产品的发烧友来讲，他们的产品知识的专业水准已达相当高的程度，其他消费者白菜级的评论根本无法引起其阅读的兴趣。在这些情形下，第三方产品评论对网络评论而言，能起到一种弥补作用。

第三方产品评论是由专业人士原创并发布的关于新产品的一种评测信息，如本篇引例对 Vivo X6 新款手机的评测，就是由专业人士经过专业检测和试用，从专业角度剖析该新品的特点，为消费者的购买决策提供信息支持。第三方产品评论能在一定程度上弥补网络评论的不足，满足上述三种情形下各类消费者对新产品信息的需求。因此，本篇将专门针对第三方产品评论进行讨论，完善在线产品评论的理论体系。

第12章 第三方产品评论概述

一、第三方产品评论定义

当前学术界对第三方产品评论的界定并不一致。国外学者一般以信息原创主体作为第三方产品评论与网络评论的区分标准，即凡是由消费者原创的，不论其信息发布于何种网站，均称为网络评论；而凡是由专业人士原创的，也不论其发布于何处，均称为第三方产品评论评论（Chen 等，2011）。而国内学者则以信息发布平台为标准来区分第三方评论和网络评论，即凡是发布在电商交易平台（如淘宝）之上的评论，称之为网络评论；而将发布在交易平台之外的第三方平台（如大众点评）之上的消费者的评论称之为第三方评论（常亚平等人，2012）。换言之，国外学者以信息原创主体为判别标准，而国内学者则以信息寄宿的网站为区别标准。

由于国内外学者对第三方产品评论界定标准不一，因此第三方产品评论的定义也存在分歧。为了准确把握第三方产品评论与网络评论的特点及区别，本书采纳国外学者对第三方产品评论的界定思路，即将第三方产品评论限定为专业人士发布的产品评论。从而方便对第三方产品评论进行明确、具体的定义。

第三方产品评论，也称为专业产品评论，是指专业人士在对产品经过专业测试、试用后，撰写并发布的关于产品特征、性能等方面的专业评测信息。它与网络评论根本区别在于原创主体的差异，前者由专业人士原创，专业性较强，消费体验视角的信息较少；后者则由普通消费者原创，专业性较差，消费体验视角的信息较多。

二、第三方产品评论与网络评论的区别

基于前人研究和现实中第三方产品评论与网络评论的特点，本章从以下几个方面对二者进行区别：

（一）原创主体

如前所述，第三方产品评论与网络评论最本质的区别在于二者原创主体不同。第三方产品评论由专业人士所原创，如某些产品垂直网站（如汽车之家、手机中国等）或水平网站某种产品频道（如腾讯网汽车频道）专门聘请特定产品领域的专业人士，对刚刚上市的新产品进行专业测试和试用，然后撰写测评报告，形成第三方产品评论。而网络评论是由普通消费者，在购买或消费之后，就自己的购买和消费经历的感受发表的产品评论。二者原创主体的专业性、对产品态度、使用目的等均有差别，其产品评论的内容和侧重点必然存在差异。这也是本书采纳国外学者观点，将二者区分开来探讨的原因。

（二）专业程度

由于第三方产品评论原创主体为专业人士，其不仅拥有较强的专业知识，也拥有普通消费者所无法具备的专业仪器，从而能获得比普通消费者更多、更专业的信息，进而其发布的产品评论专业性也更强。而普通消费者限于专业知识和专业工具，只能就购买和消费过程中体验感受进行评价，对于产品内在质量和属性一般很难涉及，因而其专业性程度较低。

（三）消费体验性

专业人士在撰写评论之前，会对被测试的新产品进行试用，但这种使用时间较短，使用场合一般接近于试验室的理想环境，消费体验性较差。而普通消费者是在购买或消费产品之后再发布网络评论，尤其是追评，更

是消费者在较长时间内使用之后的评价，消费体验性较强。

（四）消费者偏好

消费者的特征会影响他们对第三方产品评论和网络评论的偏好。研究发现，关注功能型的消费者偏好第三方产品评论，而重视享乐型的消费者则更偏好网络评论（Smith 等，2005）；重度消费者（如经常观看电影者）往往产品知识更丰富，因此更偏好专业性更强的第三方产品评论，而轻度消费者（如不经常观看电影者）则更偏好于消费者发表的网络评论（Chakravarty 等，2010）。

（五）效价

对专业人士而言，即使产品有缺陷，他们既无对价成本，又无须承担由此带来的不便和苦恼，加之他们的评论由组织发布并背书，因此第三方产品评论一般不会出现极端负面评论，而且语言较为平和、中立。而消费者付出了对价，是产品直接使用者，产品的好坏由其直接承受；一旦产品品质低于预期，就会放大对价成本和产品问题，因此网络评论更容易出现极端负面评论，而且言语尖锐、犀利。

（六）文本长度

第三方产品评论是专业人士经过专业测试后形成的，为了体现专业性，测试项目较多，而且内容较深刻，因此文本较长。而网络评论是消费者撰写，多体现他们最愉快或最不愉快的感受，因此内容较少，文本较短。

（七）评论范围

第三方产品评论是由专业人士测试后发表的，其内容一般只涉及产品性能、属性特点，不涉及购买过程、物流、售后服务、卖方工作人员态度等方面的信息，即内容专业且较为单一。而网络评论是由普通消费者原创而成，他们经历了与卖方工作人员沟通、下单购买、物流、真实生活环境下的使用、售后服务等各个环节，因此其评论内容虽然不专业，但涉及范围广泛，更接近阅读者未来的消费情境。

（八）评论对象

第三方产品评论评论对象一般为处于市场生命周期介绍期的产品，即新产品，有时甚至是还没有正式上市的新产品。而网络评论对象则可以处于市场生命周期的任何阶段，但以成长期和成熟期为主。因此，第三方产品评论特别适合于新产品的信息传播。

上述关于第三方产品评论和网络评论的区别总结如表 12-1 所示：

表 12-1 第三方产品评论与网络评论的主要区别

序号	项目	网络评论	第三方产品评论
1	原创主体	普通消费者	专业人士
2	专业程度	弱	强
3	消费体验性	强	弱
4	消费者偏好	关注享乐、轻度消费者	关注功能、重度消费者
5	效价	正、负、中，尖锐、犀利	正、中，平和
6	文本长度	短	长
7	评论范围	广，涉及购买、消费所有环节	窄，一般涉及新产品的属性、功能；不涉及购买、售后、人员态度等
8	评论对象	任何生命周期的产品，以成长期和成熟期为主	以介绍期的新产品为主

三、第三方产品评论效应的性质

对于第三方产品评论的影响效应性质，学术界有三种观点：一种观点认为第三方产品评论对企业销售收入而言，只是一种预测因素（Eliashberg 和 Shugan，1997）；另一种观点则认为第三方产品评论扮演着影响者的角色（Basuroy 等，2003）；还有学者认为，第三方产品评论对企业销售同时具备预测者和影响者的性质（Reddy 等，1998）。

所谓预测因素，是指第三方产品评论对企业当前的销售收入没有影响，但评论者能通过对潜在消费者需求的预测来判断该新产品上市的最终绩效。而影响者，则是指第三方产品评论对企业当前销售收入具有及时的、显著的影响。国外学者对第三方产品评论属于哪一种，意见分歧相当大，可能是由于第三方产品评论对企业销售收入的影响受产品类型、消费者特征等因素的调节。

事实上，即使第三方产品评论对企业未来的销售收入起一种预测因素的作用，它也会影响潜在消费者对新产品的认知和预期，从而间接影响企业的销售收入。因此，从这个角度来讲，第三方产品评论对消费者和企业销售的影响是毋庸置疑的。

【本章小结】：本章主要厘清了第三方产品评论的内涵，并将其与网络评论进行了比较，进一步强调了其特点。第三方产品评论是由专业人士经测试和试用而形成的专业的评论，与网络评论相比，其突出的特点表现在三个方面：一是原创主体不同，是由专业人士生成；二是专业性更强；三是一般出现在新产品上市初期，即产品生命周期的介绍期。

第 13 章 第三方产品评论的说服效应

无论是网络评论还是第三方产品评论，除了表达自己的观点和情感以外，还有一种目的，即希望自己的评论能得到潜在消费者的关注，并接受自己的观点。那么，当潜在消费者接受第三方产品评论后，会产生什么样的说服效应呢？

一、第三方产品评论对消费者兴趣的影响

国外学者研究发现，第三方产品评论的情感正负性显著影响着消费者对产品的兴趣，即正向的评论正向地影响消费者对产品的兴趣；负向的评论则负向地影响消费者对产品的兴趣（Wyatt 和 Badger，1984）。可能是由于阅读第三方产品评论的潜在消费者一般是重度消费者，他们的产品专业知识较一般消费者更为丰富，更能理解和判断专业人士的专业测评信息，因此比一般消费者更为信任专业评论信息，也更容易受其影响。

Wyatt 和 Badger（1987）进一步发现，相对于正向第三方产品评论，包含高信息量的第三方产品评论更能激起潜在消费者的兴趣。可能是由于阅读第三方产品评论的消费者一般为重度消费者或是该产品的发烧友，他们对该产品的关注和信息需求远远高于一般消费者，因此，信息含量越多，越能引起其阅读的心流体验。这点也和现实比较吻合，目前第三方产品评论文本信息内容非常丰富，长度也远非网络评论所能企及。因此，从研究结论来看，当前第三方产品评论这种高信息特点要保持下去。

Astous 和 Touil (1999) 在考察消费者基于专家评论来评估电影时发现，相比专家评论出现负面一致或正负不一致的情形，当专家出现正向一致的评论时，潜在消费者更容易接受专业评论的意见，即第三方产品评论具有正向偏差效应，这点与网络评论的负向偏差效应正好相反。在网络评论环境下，负向网络评论对消费者的影响更大。可能是当前网络水军评论和好评返现催生了大量的好评，使得消费者降低了对正向网络评论的信任感知。而对于专业人士来讲，在发表评论时，其姓名和所在组织都会实名出现在评论页面，消费者有一定理由认为他们为了自己的声誉而发表真实的评价。这说明消费者对专业评论的信任可能要高于网络评论。

二、第三方产品评论对企业销售的影响

多数国外研究者认同第三方产品评论对企业销售有显著的影响。具体而言，这种影响主要体现在以下几个方面：

第一，第三方产品评论的效价显著地正向影响企业的销售收入。Litman（1983）研究影院电影成功发行的因素时发现，专家评论的效价对电影院的租金收入具有显著的正向效应。具体而言，当专家采用评分形式对电影进行评价时，其评分等级每增加一颗星（星的数量越多，代表专家评价越高），影院租金收入就会显著得到增加。Kim 等（2013）研究结论也支持了上述观点，他们在探索网络评论和专业评论对电影票房收入的影响时也发现，对美国电影票房有显著影响的不是专业评论的数量维度，而是效价；效价对票房收入具有显著的正向效应。另外，还有学者研究发现，正面的第三方产品评论对电影公映那一周周末的票房具有显著的影响（Reinstein 和 Snyder，2005）。由此可见，第三方产品评论的正向偏差不仅出现在对消费者兴趣的影响上，而且还渗透对企业销售的影响上。

第二，第三方产品评论对企业销售的影响力，具有随时间而动态变化的特点。关于第三方产品评论影响效力具有动态性变化的特点，大多数

学者的研究能证实这个结论，但具体如何变化则存在分歧。例如，同样以电影作为研究对象，有的学者研究发现第三方产品评论与电影票房正相关关系出现在第四周之后，二者之前并没有相关的关系（Eliashberg 和 Shugan，1997）；而有的学者则发现，第三方产品评论对电影票房的影响一直都显著，尤其是电影放映后的前两周时间（郝媛媛，2010）。这种分歧可能和中美两国消费者的偏好以及文化差异有关。由此可见，第三方产品评论对企业销售的影响具有时间动态性，相关企业在运用其作为营销工具时要关注这种动态性，把握好第三方产品评论管理的时点和节奏。

第三，第三方产品评论与品牌延伸、广告等营销策略对销售的交互效应。有研究发现，第三方产品评论与品牌延伸和广告对企业的销售收入具有显著的交互效应。Basuroy 等（2006）将电影的续集看作是原电影（视为母品牌）的品牌延伸，研究发现：品牌延伸、广告以及第三方产品评论的一致性，三者对电影票房具有显著的负向交互效应。

三、第三方产品评论对企业营销策略的影响

第三方产品评论的研究主要集中在国外，而国外的研究又聚焦在美国的电影行业，因此关于第三方产品评论对企业营销策略的影响也都聚焦在电影领域。当前，国外学者对此的研究成果主要体现在以下两个方面：

（一）第三方产品评论对电影预算、电影明星使用的影响

以 Basuroy 等（2003）研究成果为例，如果电影发行方预测专业人士会对电影给予正向评价，那么就应当积极邀请专业人士出席该电影的预映式，以便发挥第三方产品评论的正向效应；反之，如果预测专业人士可能会对电影进行负向评价，发行方应当设法避免让专业人士出席预映式。如果负面的第三方产品评论无法避免，发行方可以利用电影明星的效应来抵减其负面影响，比如安排明星演员专访等。另外，还可以提高预算，高预算带来的更广、更强的宣传效应，也能显著减少专业人士发布的负面第三

方产品评论的影响。

（二）第三方产品评论对广告和价格的影响

第三方产品评论对消费者和企业销售都有显著的影响，如果这种影响是负面的，企业将不得不运用相应的营销策略予以应对。在这方面的研究中，最有代表性的是 Chen 和 Xie（2005）的研究成果。他们以电影领域的第三方产品评论为研究对象，探讨企业如何应对来自第三方产品评论的影响。研究者运用数学方法，结合纳什均衡进行推理，并对相关的数据进行实证分析。最后，研究者对企业如何运用广告和价格策略来应对第三方产品评论的影响，提出了以下几条建议：

1. 如果企业的目标人群的消费特征主要为关注产品的水平属性时，[1] 此时应对负向第三方产品评论的最佳策略不是调价，而是改变广告策略。因为企业的顾客是不关注质量属性的人群，调价只会降低利润；而改变广告策略，强化与其他产品不同的属性和个性，就能迎合水平属性消费者的心理需求。

2. 回应策略要关注第三方产品评论的格式。有些企业乐于将正面的第三方产品评论作为广告内容的附属物一起宣传，但这种回应策略要注意具体情形，因为第三方产品评论“扶强不扶弱”。如果企业在行业内具有优势地位，那么将第三方产品评论发布在商业广告上，二者能形成互补效应；但是如果企业处于劣势地位，那么企业对第三方产品评论这种回应策略反而会降低企业的广告效果。另外，对优势企业来讲，二者的这种互补效应，只会出现在推荐型第三方产品评论的情形下，而不会出现在描述型评论情形中。[2] 因为在描述型第三方产品评论中，专业人士并没有对相关企业

[1] 产品的水平属性，是指产品与其他产品之间的横向差异（不是指产品质量方面的差异），这种水平属性很难在不同产品之间比较优劣，因为不同消费者有不同的偏好，没有一个统一的标准，如设计风格和颜色。

[2] 描述型第三方产品评论，是指评论内容只涉及产品相关属性的客观评价，不涉及与其他竞争品牌的比较；推荐型第三方产品评论，则是对竞争品牌进行比较评价，然后择其优者推荐。

的优劣程度进行比较和说明。值得注意的是，对优势企业而言，即使面对的第三方产品评论是推荐型格式，将该评论融入商业广告中进行传播也并不一定是最优决策。因为虽然此时评论和广告能发挥互补效应，增强广告的效果，但有可能会促使劣势企业降价应对，从而有可能导致价格战，最终伤害自己。

3. 企业将正面的第三方产品评论纳入自己的商业广告，在投入这种广告时还要注意媒体的选择。最优的投放媒体决策是发布于评论者所在媒体之外的其他媒体。这是因为，如果将这种“二合一”的广告投放到评论者发表评论的媒体上时，原有的第三方产品评论会对这种广告形成一种替代效应。这是由于正面的评论本身就是一种很好的第三方宣传，而且比商业广告的可信度高，因此它会覆盖广告的效果。

4. 优势企业在利用正面第三方产品评论时，要留意该评论及所在媒体的渗透率。如果第三方产品评论或所在媒体的渗透率很低，优势企业就可扩大“二合一”广告的投放规模和力度，进一步扩散评论的正面效应；但如果该评论或所在的媒体渗透率很高，那么该评论的正向效应足以大范围传播好消息，并对广告起到覆盖效应，此时优势企业应当减少广告投入的密度和力度。

四、第三方产品评论对企业价值的影响

由于第三方产品评论是一种中立的专业评估，因此，它经常被企业投资人作为评估企业财务价值的重要信息来源。

Chen 等（2011）以电影为例，探讨第三方产品评论如何影响企业的财务价值。[1] 研究结果显示：第三方产品评论的绝对效价对企业价值并无显著的影响，对企业价值产生显著影响的是评论的相对效价。[2] 这可能

［1］ 研究者以股票回报作为企业财务价值的替代指标。

［2］ 绝对效价，是指第三方产品评论自身的评价效价，是静态时点概念；相对效价，则是指第三方产品评论与之前发表的其他第三方产品评论在效价上的差异程度，是动态时期概念。

是因为投资人想了解的是被投资企业的一种动态发展状况，即未来的发展是更好还是更坏，从而决定是追加投资还是减少投资，而这些决定都影响着企业在股市上的表现。另外，研究者还发现，广告发布的规模和数量对这种影响效应具有调节作用：不论第三方产品评论的相对效价是正面还是负面的，企业在第三方产品评论发布之前发布的广告规模越大，第三方产品评论对企业价值所产生的显著的正面影响也越大。由此可见，对于上市公司而言，在第三方产品评论还没有发表之前，大规模发布广告是一种相当保险的做法。

当前关于第三方产品评论影响效应的研究还局限于说服效应，还有两大研究空白需要进一步深入：

一是相比国外，国内第三方产品评论的研究非常少，几乎空白。国内的研究不仅零星，而且多为在研究网络评论之余，附带探讨一下专业评论。国内对于第三方产品评论的意义、重要性的认识，显然还不够深入。然而，从本篇国外的研究成果来看，第三方产品评论与网络评论一样，对消费者和企业具有显著的影响。未来，国内学者应当关注此领域的研究动态，加大研究力度，丰富在线产品评论研究的内容。

二是由于第三方产品评论一般出现于新产品刚刚上市时期，在此期间，与说服效应相比，如何让包含新产品信息的第三方产品评论快速传播，帮助新产品尽快度过投入大、利润低的介绍期，同样也是企业非常关注的问题。另外，对于原创发表第三方产品评论的专业人士或机构来讲，也有动力去提升其评论的传播效应。毕竟，第三方产品评论是这些专业人士和机构生存之本，无人阅读和传播其评论，无疑会大大压缩其生存空间。因此，未来的研究，还要拓展研究视角，从第三方产品评论的说服效应扩大到传播效应。

【本章小结】：本章从消费者兴趣、企业销售、企业营销策略和企业价值这四个方面，详细阐述了第三方产品评论的说服效应。这些说服效应表明，第三方产品评论和网络评论一样可以成为影响企业经营绩效的重要因素，应当引起理论界和管理界的高度重视。另外，本章也指出了当前第三方产品评论研究的不足，提出了未来的研究方向。

参考文献

[1] 常亚平，肖万福，覃伍，阎俊. 2012. 网络环境下第三方评论对冲动购买意愿的影响机制：以产品类别和评论员级别为调节变量 [J]. 心理学报，44（9）:1244–1264.

[2] 陈漫，张新国，王峰. 2015. 在线评论中的属性不一致性对产品销售的影响 [J]. 华东经济管理，29（5）:147–153.

[3] 陈泓洁. 2013. 利用在线评论获取酒店客户知识的研究 [D]. 华东师范大学，硕士学位论文.

[4] 陈明亮. 2009. 在线口碑传播原理 [M]. 杭州：浙江大学出版社.

[5] 陈在飞，徐峰.2014. 电子商务中在线评论有用投票数影响因素研究[J]. 现代情报，34（1）:18–22.

[6] 崔海霞.2012. 在线产品评论可信度分析 [D]. 华中科技大学，硕士学位论文.

[7] 崔楠，张建，王菊卿. 2014. 不仅仅是评分——在线评论文本内容对评论有效性影响研究 [J]. 珞珈管理评论，1（14）:15–26.

[8] 付建坤，侯伦，方佳明. 2014. 考虑品牌声誉影响下的在线评论有用性研究 [J]. 软科学，28（3）: 97–100.

[9] 郭国庆，陈凯，何飞. 2010. 消费者在线评论可信度的影响因素研究 [J]. 当代经济管理，32（10）: 17–23.

[10] 郭恺强，王洪伟，郑晗．2014. 基于在线评论的网络零售定价模型研究［J］．商业经济与管理，4（270）：59-66.

[11] 郝媛媛．2010. 在线评论对消费者感知与购买行为影响的实证研究［D］．哈尔滨工业大学，博士学位论文．

[12] 郝媛媛，邹鹏，李一军，叶强．2009. 基于电影面板数据的在线评论情感倾向对销售收入影响的实证研究［J］．管理评论，10（10）：95-103.

[13] 何晶璟．2014. 追加评论对消费者购买意愿的影响［J］. 知识经济，(09)：92-94.

[14] 江晓东．2015. 什么样的产品评论最有用？——在线评论数量特征和文本特征对其有用性的影响研究［J］．外国经济与管理，37（4）：42-55.

[15] 李枫林，刘昌平，胡媛．2012. 网络消费者在线评论搜寻行为研究［J］. 情报科学，30（5）：720-724.

[16] 李宏．2012. 负面在线评论及其补救措施对顾客购买意愿的影响［D］. 东华大学，博士学位论文．

[17] 李健．2012. 在线商品评论对产品销量影响研究［J］．现代情报，32（1）:164-167.

[18] 李念武，岳蓉．2009. 网络口碑可信度及其对购买行为之影响的实证研究［J］．图书情报工作，53（22）：133-137.

[19] 李兆飞．2011. 在线消费者产品评论发表动机的研究［D］．哈尔滨工业大学，硕士学位论文．

[20] 李宗伟，刘润然，张艳辉，管洪波．2014. 基于复杂网络的淘宝网追加评价群体统计特征分析［J］．软科学，28（8）：103-106.

[21] 李宗伟，张艳辉．2013. 体验型产品与搜索型产品在线评论的差异性分析［J］．现代管理科学，（8）:42-45.

[22] 刘洋，廖貅武，刘莹 . 2014. 在线评论对应用软件及平台定价策略的影响 [J]. 系统工程学报，29（4）:560–570.

[23] 孟幻 . 2014. 在线评论的可信度影响因素研究——以经济型旅店评论为例 [J]. 经济论坛，（01）: 129–131.

[24] 孟美任，丁晟春 . 2013. 在线中文商品评论可信度研究 [J]. 现代图书情报技术，（9）:60–66.

[25] 苗蕊 . 2014. 在线评论有用性研究综述 [J]. 中国管理信息化，17（18）:126–128.

[26] 宁连举，孙韩 . 2014. 在线负面评论对网络消费者购买意愿的影响[J]. 技术经济，33（3）:54–59,96.

[27] 潘明暘 .2011. 不同来源在线评论对消费者行为影响研究 [D]. 哈尔滨工业大学，硕士学位论文 .

[28] 沈甜甜 . 2015. 网上追评对消费者购买决策的影响 [D]. 中国科学技术大学，硕士毕业论文 .

[29] 孙曙迎 . 2008. 消费者网络信息可信度感知影响因素的实证研究 [J]. 北京理工大学学报，10（6）: 50–54 .

[30] 铁翠香 . 2011. 基于信任和感知价值的网络口碑效应研究 [D]. 华中科技大学，博士学位论文 .

[31] 王长征，何钐，王魁 . 2015. 网络口碑中追加评论的有用性感知研究 [J]. 管理科学，28（3）: 102–114.

[32] 王军 . 2014. 产品伤害危机后负面网络评论对消费者品牌态度的影响 [D]. 华中农业大学，硕士学位论文 .

[33] 汪涛，王魁，陈厚 . 2015. 时间间隔何时能够提高在线评论的有用性感知——基于归因理论的视角 [J]. 商业经济与管理，2（280）:46–56.

[34] 王远怀，于洪彦，李响 . 2013. 网络评论如何影响网络购物意愿？[J]. 中大管理研究，8（2）:1–19.

［35］许焜，卢慧敏．2014. 企业在线反馈评论对潜在客户感知可信度及沟通质量影响的实证研究［J］．互联网天地，（6）:19–24.

［36］徐峰，丁斅，侯云章．2013. 在线评论影响下的供应链合作模式研究［J］．东南大学学报（哲学社会科学版），15（4）:52–57.

［37］徐琳．2007. 网络口碑可信度影响因素的实证研究［J］．财贸研究，（5）:113–117．

［38］杨颖，朱毅．2014. 无图无真相？图片和文字网络评论对服务产品消费者态度的影响［J］．心理学探新，34（1）: 83–89.

［39］尹敬刚，李晶，魏登柏．2012. 移动互联网环境下发表评论意愿的影响因素研究——一个整合模型的视角［J］．图书情报工作，56（2）: 135–141.

［40］殷国鹏．2012. 消费者认为怎样的在线评论更有用？——社会性因素的影响效应［J］．管理世界，（12）： 115–124.

［41］张璐，吴菲菲，黄鲁成．2015. 基于用户网络评论信息的产品创新研究［J］．软科学，29（5）:12–16.

［42］张明新．2005. 网络信息的可信度研究：网民的视角［J］．新闻与传播研究，12（2）:17–27.

［43］张紫琼．2010. 在线中文评论情感分类问题研究［D］．哈尔滨工业大学，博士学位论文．

［44］赵敏，谭腾飞．2012. 网络水军的成因及其发展——以库尔特·勒温“B=f（P·E）”为视角［J］．新疆社科论坛，（3）:64–66.

［45］郑春东，韩晴，王寒．2015. 网络水军言论如何左右你的购买意愿［J］．南开管理评论，8（1）:89–97.

［46］钟帅，王立磊，章启宇．2015. 在线评论感知和涉入度对网站品牌忠诚的影响［J］．企业经济，（4）: 36–40.

［47］周梅华，李佩镅，牟宇鹏．2015 在线评论对消费者购买意愿的影

响——心理距离的中介作用［J］. 软科学，29（1）:101–109.

［48］Ahluwalia,R.& Shiv,B. 2002. How prevalent is the negativity effect in consumer environments[J]. Journal of Consumer Research, 29(2):270–80.

［49］Ahluwalia,R.& Shiv,B. 1997. The effects of negative information in the political and marketing arenas: exceptions to the negativity effect［J］. Advances in Consumer Research,24（1）:222.

［50］Arndt, J. 1967. Role of product–related conversations in the diffusion of a new product［J］. Journal of Marketing Research, 4（3）:291–295.

［51］Astous, D.A., & Touil, N. 1999. Consumer evaluations of movies on the basis of critics' judgments［J］. Psychology & Marketing,（16）: 677–694.

［52］Baek,Y.M., Bae,Y. &Jang,H. 2013. Social and parasocial relationships on social network sites and their differential relationships with users' psychological well–being［J］.Cyberpsychology, Behavior, and Social Networking, 16（7）:512–517.

［53］Basuroy, S., Chatterjee, S., & Ravid, S. A. 2003. How critical are critical reviews? The box office effects of film critics, star power, and budgets［J］. Journal of Marketing,（67）: 103 - 117.

［54］Basuroy, S., Desai, K.K. & Talukdar, D. 2006. An empirical investigation of signaling in the motion picture industry［J］. Journal of Marketing Research, 287（Vol. XLIII）: 287–295.

［55］Berger, J., Sorensen, A. T. & Rasmussen, S. J. 2010. Positive effects of negative publicity: When negative reviews increase sales［J］. Marketing Science, 29（5）: 815–827.

［56］Cao，Q.，Duan，W. & Gan，Q. 2011. Exploring determinants of voting for the "helpfulness" of online user reviews: A text mining approach［J］.

Decision Support Systems,（50）:511–521.

[57] Chakravarty, A., Liu,Y. & Mazumdar,T. 2010. The differential effects of online word–of–mouth and critics' reviews on re–release movie evaluation [J]. Journal of Interactive Marketing,（24）: 185–197.

[58] Chen,P.Y. Wu, S.Y.,& Yoon,J. 2004. The impact of online recommendations and consumer feedback on sales [R]. Proc. Internat. Conf. on Inform. Systems（ICIS）, Washington, D.C. : 711–724.

[59] Chen, Y.–B., Liu, Y. & Zhang,J.–R. 2011. When do third–party product reviews affect firm value and what can firms do? The case of media critics and professional movie reviews [J] .Journal of Marketing,（75）: 116–134.

[60] Chen,Y.–B. & Xie,J.–H. 2005. Third–party product review and firm marketing strategy [J]. MarketingScience, 24（2）: 218–240.

[61] Chevalier, J. A., & Mayzlin, D. 2006. The effect of word of mouth on sales: Online book reviews [J]. Journal of Marketing Research,（43）: 345–354.

[62] Christiansen,T.& Tax,S.S. 2000. Measuring word of mouth: The questions of who and when?[J]. Joumal of Marketing Communieations, 6(3):185–199.

[63] Clemons, E. K. Gao, G. Hitt, L. M. 2006. When online reviews meet hyperdifferentiation: a study of the craft beer industry [J]. Journal of Management Information Systems,（23）: 149–171.

[64] Connors, L., Mudambi, S. M. & Schuff, D. 2011. Is it the review or the reviewer? a multi–method .

[65] approach to determine the antecedents of online review helpfulness [C]. Proceedings of 44th Hawaii International Conference on Systems Science, Hawaii, USA.

[65] Cui, G., Liu, H.K. and Guo Xiaoning. 2010. Online reviews as a driver of new product sales [R] , Fourth International Conference on Management of e–Commerce and e–Government, IEEE Computer Society, Chengdu: 20–25.

[66] Davis, F.D. 1989. Perceived usefulness, perceived ease of use, and user acceptance of information technology [J] . MIS Quarterly, 13 (3) : 319—340.

[67] Dellarocas, C., Zhang, X., & Awad,N.F. 2007. Exploring the value of online product reviews in forecasting sales: the case of motion pictures [J] . Journal of Interactive Marketing, 21: 23–45.

[68] Dichter, E. 1966. How word–of–mouth advertising works [J] .Harvard Business Review, 44 (6) : 147–160.

[69] Duan,W.J.,Gu,B.,& Whinston,A.B. 2008. The dynamics of online word–of–mouth and product sales. An empirical investigation of the movie industry [J] . Journal of Retailing, 84 (2) : 233–242 .

[70] Eliashberg, J., & Shugan, S.M. 1997. Film critics: Influencers or predictors? [J] . Journal of Marketing, 61 (2) : 68–79.

[71] Flanagin,A.J.& Metzger,M.J. 2000. Perceptions of Internet information credibility [J] . Journal of Mass Communication Quarterly, 77 (3) : 515–540.

[72] Fogg,B.J.,& Tseng, S. 1999. Credibility and computing technology [J] . Communications of Association for Computing Machinery, 42 (5) : 39–44.

[73] Ghose, A. & Ipeirotis, P.G. 2011. Estimating the helpfulness and economic impact of product reviews: mining text and reviewer characteristics [C] . IEEE Transactions on Knowledge and Data Engineering, 23 (10) : 1498–

1512.

[74] Hanson,W., & Kalyanam, K. 2007. Principles of Internet marketing [M] . South–Western College Publishing.

[75] Herr,P.M., Kardes,F.R, & Kim,J. 1991. Effects of word–of–mouth and product–attribute Information on persuasion: An Accessibility–diagnosticity perspective [J] . Journal of Consumer Research, 17 (4) : 454–462.

[76] Johnson,T.J., & Kaye,B.K. 1998. Cruising is believing: comparison Internet and traditional sources on media credibility measures [J] . Journalism & Mass Communication Quarterly, 75 (2) :325–340.

[77] Kanouse,D.E.,& Hanson,L.R. 1972. Negativity in evaluations,in attribution: perceiving the causes of behavior, edited by Jones, E.E. Kanouse,D.E., Kelley, H.H., Nisbett,R.E. ,Valines, S. ,Weiner, B. Morristown, NJ: General Learning Press.

[78] Kim, S.H., Park, N., & Park,S.H. 2013. Exploring the effects of online word of mouth and expert reviews on theatrical movies' box office success [J] . Journal of Media Economics, (26) : 98–114.

[79] Li,J. & Zhan, L. 2011. Online persuasion: How the written word drives WOM [J] . Journal of Advertising research, 51 (1) : 239–257.

[80] Li,X., Hitt,L. & Zhang, Z. 2010. Product reviews and competition in markets for repeat purchase products [J] . Journal of Management Information Systems, 27 (4) :9–42.

[81] Litman, B. R. 1983. Predicting success of theatrical movies: An empirical study [J] . Journal of Popular Culture, 16 (4) :159–175.

[82] Liu, Y. 2006. Word of mouth for movies: its dynamics and impact on box office revenue [J] . Journal of Marketing, 70 (7) :74–89.

［83］Ludwig, S., de Ruyter, K., Friedman, M., Br ü ggen, E.C., Wetzels, M., & Pfann, G. 2013. More than .

［84］words: the influence of affective content and linguistic style matches in online reviews on conversion rates［J］. Journal of Marketing,（77）: 87–103.

［85］Mark, C., Babin, B.J., Michel, L., Philippa, W., Jasmin, B. 2003. Information search patterns for gift purchases: a cross–national examination of gender differences［J］. Journal of Consumer Behaviour, 3（1）:20–47.

［86］Mudambi,S.M.Schuff,D. 2010. What makes a helpful online review? A study of customer reviews on amazon.com［J］.MIS Quarterly, 1（34）:185–200.

［87］Ögut, H., & Tas, B.K.O. 2012. The influence of internet customer reviews on the onlinesales and prices in hotel industry［J］. Serv. Ind. J., 32（2）: 197–214.

［88］Olshavsky, R.W. & Wymer, W. 1995. The desire for new information from external sources［M］.Printmaster: Proceedings of the Society for Consumer Psychology.

［89］Pan, Y. & Zhang, J. Q. 2011. Born unequal: A study of the helpfulness of user–generated productreviews［J］. Journal of Retailing,（87）:598–612.

［90］Petty, R.E. & Cacioppo, J.T. 1984. The effects of involvement on responses to argument quantity and quality: central and peripheral routes to persuasion［J］. Journal of Personality and Social Psychology, 46（1）: 69–81.

［91］Petty, R. E., Cacioppo, J. T., & Schumann, D. 1983. Central and peripheral routes to advertising effectiveness: The moderating role of involvement［J］.Journal of Consumer Research,10（2）:135–146.

[92] Qiang Ye, Rob Law, Bin Gu. 2009.The impact of online user reviews on hotel room sales [J]. Int ernational Journal of Hospitality Management, 28 (1) :180–182.

[93] Reddy, S.K., Swaminathan,V., & Motley,C.M. 1998. Exploring the determinants of broadway show success [J]. Journal of Marketing Research, (35) : 370–83.

[94] Reinstein, D. A., Snyder, C. M. 2005. The influence of expert reviews on consumer demand for experience goods: A case study of movie critics [J]. Journal of Industrial Economics, (53) : 27–51.

[95] Rozin,P.,& Royzman,E.B. 2001.Negativity bias, negativity dominance, and contagion [J]. Personality and Social Psychology Review, 5(4):296–320.

[96] Schindler, R.M. & Bickart, B. 2012. Perceived helpfulness of online consumer reviews: the role of message content and style [J]. Journal of Consumer Behavior, 11 (3) : 234–243.

[97] Scholz, M. & Dorner V. 2013. The recipe for the perfect review? An investigation into the determinants of review helpfulness [J]. Business & Information Systems Engineering, 5 (3) : 141–151.

[98] Smith, D., Menon, S. & Sivakumar, K.2005. Online peer and editorial recommendations, trust, and choice in virtual markets [J]. Journal of Interactive Marketing, 19 (3) : 15–37.

[99] Weiss,A.M., Anderson,E.,& Maclnnis,D.J. 1999. Reputation management as a motivation for sales structure decisions [J]. Journal of Marketing, (10) : 57–74.

[100] Westbrook,R.A. 1987. Product/Consumption–based affective responses and postpurchase processes [J]. Journal of Marketing Research, 24:258–27.

[101] Wyatt, R.O. & Badger, D.P. 1990. Effects of information and evaluation in film criticism [J] . Journalism Quarterly, （67） : 359–68.

[102] Wyatt, R.O. & Badger, D.P. 1984. How reviews affect interest in and evaluation of films [J] . Journalism Quarterly, （61）:874–878.

[103] Ye, Q., Law, R., Gu, B., & Chen, W. 2011. The influence of user-generated content ontraveler behavior: an empirical investigation on the effects of e–word–of–mouth to hotel online bookings. Comput. Hum. Behav., 27 （2）: 634–639.

[104] Zhang, J. Q., Craciun, G., & Shin, D. 2010. When does electronic word-of–mouth matter? A study of consumer product reviews [J] . Journal of Business Research, 63（12）:1336–1341.